Kristiane Müller-Urban / Eberhard Urban

Museumseisenbahnen

in Deutschland

Steiger Verlag

Kristiane Müller-Urban / Eberhard Urban

Museumseisenbahnen in Deutschland

120 Farbabbildungen und eine Übersichtskarte

STEIGER VERLAG

Die Autoren:
Kristiane Müller-Urban und *Eberhard Urban* aus Offenbach haben bereits zahlreiche Outdoor- und kulinarische Führer veröffentlicht. Bei der Beschäftigung mit den „Museumseisenbahnen in Deutschland" frönten sie einer Leidenschaft, der sie seit vielen Jahren nachgehen. Die Informationen dieses Handbuchs wurden in den letzten Monaten aktuell recherchiert.

Die Deutsche Bibliothek - CIP-Einheitsaufnahme

Müller-Urban, Kristiane:
Museumseisenbahnen in Deutschland / Kristiane Müller-Urban/
Eberhard Urban. - Augsburg : Steiger, 1999
ISBN 3-89652-159-4

Gedruckt auf chlorfrei gebleichtem Papier.

Lektorat: Frank Heins
Umschlaggestaltung, Layout, Satz: Frank Menge
Karte: Ingenieurbüro für Kartographie Heidi Schmalfuß, München
Reproduktion: Repro Ludwig, Zell am See
Druck und Bindung: Appl, Wemding

Einbandvorderseite: Die Dampflok 50 3655 zieht den Teuto-Express durch das Tecklenburger Land. Hier ist der historische Zug zwischen Bad Iburg und Gütersloh unterwegs.
Seite 1: 44 404 in Darmstadt-Kranichstein.
S. 2/3: Dampflok 89 7159 zieht das Kuckucksbähnel im Pfälzerwald.
Bildnachweis auf Seite 160.

Printed in Germany

ISBN 3-89652-159-4

Inhalt

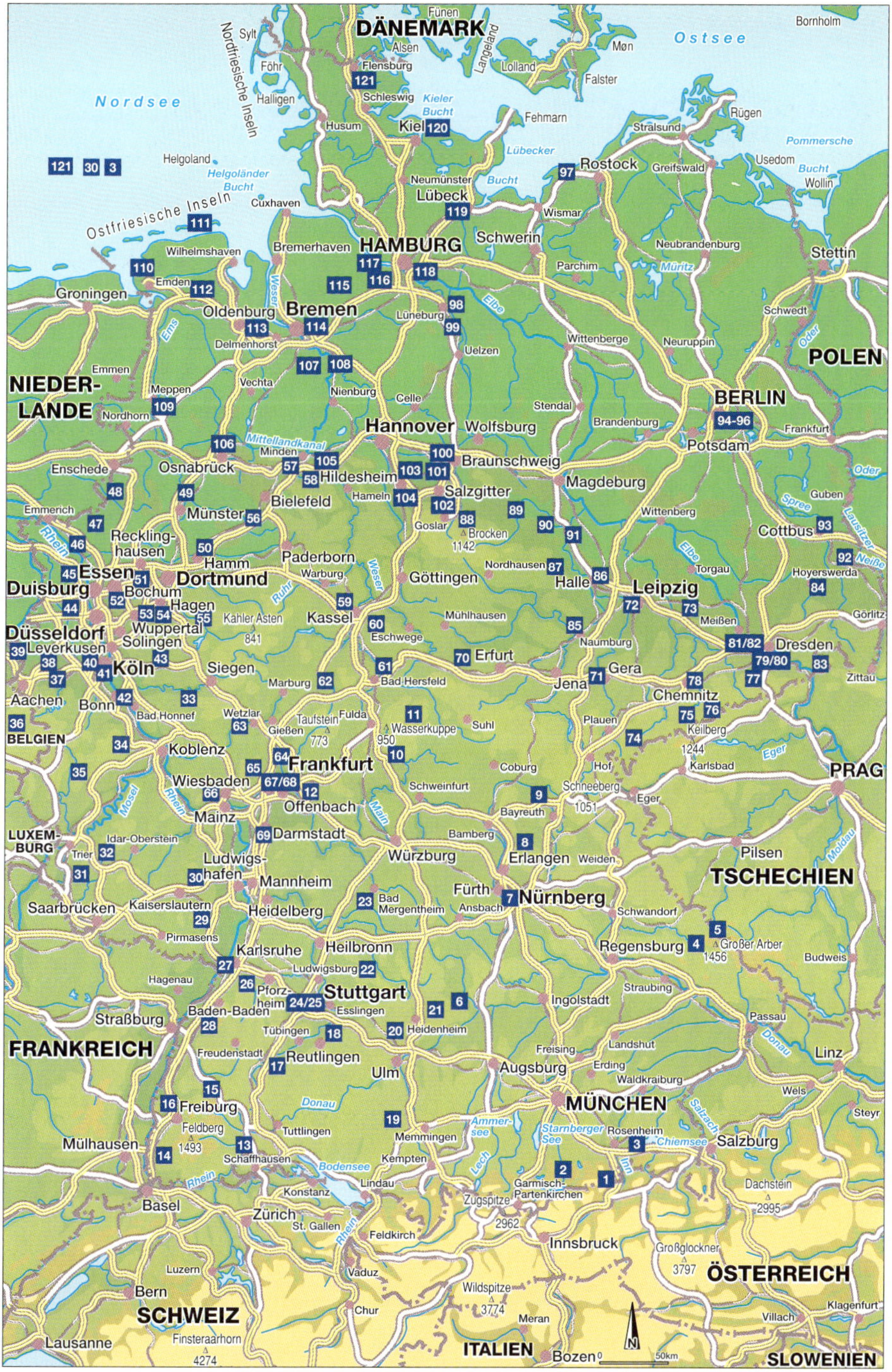

Fünen
DÄNEMARK
Alsen
Langeland
Bornholm
Møn
Ostsee
Sylt
Nordfriesische Inseln
Föhr
Flensburg
121
Lolland
Falster
Nordsee
Halligen
Schleswig
Kieler Bucht
Fehmarn
Rügen
Husum
Kiel
120
Stralsund
Pommersche Bucht
121 30 3
Helgoland
Lübecker Bucht
97
Rostock
Greifswald
Usedom
Wollin
Helgoländer Bucht
Neumünster
Cuxhaven
Lübeck
119
Ostfriesische Inseln
111
Wismar
Wilhelmshaven
Bremerhaven
HAMBURG
Schwerin
Neubrandenburg
Stettin
110
117
118
Parchim
Müritz
Emden
112
Weser
115
116
Groningen
Oldenburg
Bremen
Elbe
98
Schwedt
Lüneburg
Ems
113
114
99
Delmenhorst
Uelzen
Wittenberge
Neuruppin
Oder
POLEN
107
108
Emmen
NIEDER-LANDE
Vechta
Meppen
Nienburg
Celle
109
Nordhorn
Stendal
BERLIN
94-96
Mittellandkanal
Hannover
Wolfsburg
Brandenburg
106
Minden
100
Frankfurt
Potsdam
105
Braunschweig
Enschede
Osnabrück
57
58
Hildesheim
103
101
Oder
48
49
Hameln
104
Salzgitter
Magdeburg
Guben
Bielefeld
102
Spree
Emmerich
Münster
56
88
89
Wittenberg
Goslar
Brocken
1142
47
Reckling-hausen
90
91
Lausitzer Neiße
Cottbus
93
Rhein
46
50
Paderborn
Elbe
Hamm
Nordhausen
87
Torgau
92
45
Essen
Warburg
Weser
Göttingen
Hoyerswerda
51
Dortmund
Halle
86
Duisburg
Bochum
Leipzig
84
Ruhr
52
Hagen
59
72
73
44
53
54
Kassel
Mühlhausen
Meißen
55
Kahler Asten
60
85
Görlitz
Düsseldorf
Wuppertal
Eschwege
81/82
Dresden
841
Solingen
Naumburg
39
Leverkusen
43
70
Erfurt
79/80
83
38
40
41
Köln
Siegen
61
Gera
37
71
Bad Hersfeld
Zittau
Marburg
62
Jena
78
77
Aachen
Bonn
42
33
Chemnitz
Bad Honnef
11
Wetzlar
Fulda
Taufstein
75
76
36
63
Wasserkuppe
Plauen
Keilberg
Gießen
773
Suhl
BELGIEN
950
1244
34
74
Koblenz
10
Eger
Karlsbad
64
Coburg
Hof
PRAG
35
65
Frankfurt
Wiesbaden
67/68
Schweinfurt
Schneeberg
Mosel
66
12
9
Eger
Rhein
Offenbach
Bayreuth
1051
Main
Mainz
LUXEM-BURG
Idar-Oberstein
69
Darmstadt
Bamberg
Pilsen
Moldau
8
32
Trier
Ludwigs-hafen
Würzburg
Erlangen
Weiden
31
TSCHECHIEN
30
Mannheim
Fürth
7
Nürnberg
23
Bad Mergentheim
Saarbrücken
Kaiserslautern
Heidelberg
Ansbach
Schwandorf
29
5
Pirmasens
4
Großer Arber
Karlsruhe
Heilbronn
Regensburg
1456
Budweis
27
Ludwigsburg
22
Hagenau
Straubing
26
Pforz-heim
Stuttgart
24/25
6
Ingolstadt
Straßburg
Baden-Baden
21
Esslingen
Passau
28
Tübingen
18
20
Heidenheim
Donau
Landshut
FRANKREICH
Freudenstadt
Freising
Reutlingen
17
Linz
Erding
Augsburg
Ulm
Waldkraiburg
15
Wels
16
Freiburg
MÜNCHEN
Donau
Salzach
Steyr
19
Ammer-see
Feldberg
Starnberger See
Rosenheim
Tuttlingen
Memmingen
Chiemsee
Salzburg
1493
Mülhausen
13
3
14
Schaffhausen
Kempten
Inn
Bodensee
2
Lech
1
Rhein
Lindau
Dachstein
Garmisch-Partenkirchen
Konstanz
Zugspitze
2995
Basel
Zürich
2962
St. Gallen
Rhein
Feldkirch
Innsbruck
Großglockner
3797
Luzern
ÖSTERREICH
Vaduz
Bern
Wildspitze
3774
SCHWEIZ
Chur
Klagenfurt
Meran
Villach
Lausanne
Finsteraarhorn
4274
ITALIEN
Bozen
0
50km
N
SLOWENIEN

Vorwort

1835 wurde die erste deutsche Eisenbahn eröffnet – 6,1 km zwischen Nürnberg und Fürth. Diese Strecke weitete sich bald zu einem Netz aus. Neben den großen Hauptstrecken entstanden Neben- und Kleinbahnen. Die Züge auf den eisernen Bahnen transportierten nicht nur Personen und Güter, sie bewirkten große Veränderungen und Umwälzungen in der Geschichte. Sie waren Produkte der Industrialisierung, beförderten Rohstoffe, Erzeugnisse und den Fortschritt.

Im Zuge der Rationalisierung werden seit den 60er Jahren unseres Jahrhunderts immer mehr Strecken stillgelegt und die Anlagen abgebaut. Damit nicht alle Zeugnisse einer reichen Technik- und Verkehrsgeschichte entschwinden, haben unzählige Eisenbahnfreunde in aufopferungsvoller Arbeit Strecken übernommen oder wiederhergestellt und unter immensem Kostenaufwand Lokomotiven, Wagen, Geräte und Gebäude restauriert und in Betrieb genommen. Diese Museumseisenbahnen werden in diesem Buch vorgestellt; dabei finden auch einige historische Straßenbahnen, die ebenso auf eisernen Bahnen fahren, Erwähnung.

Die Vereine sind über jedes neue Mitglied froh, freuen sich über jede Spende. Nur so – und mit Hilfe vieler Fahrgäste – können sie den Betrieb aufrechterhalten und der Freude der kleinen und großen Eisenbahnfreunde dienen. Familien und Gruppen erhalten oft einen ermäßigten Sonderpreis. Gern organisieren die Eisenbahner Sonder- und Gruppenfahrten für Betriebsausflüge oder stellen einen Hochzeitszug zusammen für die Fahrt ins Glück. Auf jeden Fall sollten alle, die mit einem Museumszug fahren wollen, sich vorher bei den Veranstaltern über Betriebstage, Fahrpläne und Fahrpreise erkundigen. Die hier im Buch genannten Angaben können sich im Lauf der Zeit ändern, sie sind ohne Gewähr.

Nun wünschen wir viel Vergnügen mit diesem Buch, das viele bunte Steine zum großen Bild der Eisenbahngeschichte beiträgt – und Gute Fahrt!

Abkürzungen

Bf = Bahnhof
Bj = Baujahr
Bw = Bahnbetriebswerk
DB = Deutsche Bundesbahn, jetzt: Deutsche Bahn
DR = Deutsche Reichsbahn (bis 1945), danach für Eisenbahngesellschaft der DDR
Ef = Fahrkarte für eine einfache Fahrt
GmP = Güterzug mit Personenbeförderung
Hbf = Hauptbahnhof
P = Parkplatz
Rf = Fahrkarte für Hin- und Rückfahrt

Die Kennzeichnung der Bauarten der Dampflokomotiven erfolgt nach der Achsfolge von vorn nach hinten. Laufachsen (ohne Treibstangen) werden mit arabischen Ziffern bezeichnet, angetriebene und Kuppelachsen mit Großbuchstaben, im Hauptrahmen bewegliche Achsen mit einem '.
Die beigestellten Abkürzungen bedeuten
n = Naßdampf, **h** = Heißdampf;
die arabische Ziffer gibt die Anzahl der Zylinder an, das **v** ist der Hinweis auf Verbundmaschinen, das **t** bedeutet, daß es sich um eine Tenderlokomotive handelt.

Wachtl-Express

Schmalspur 900 mm

KGB Kieferer Grenzbahn,
MEG Museums-Eisenbahn-Gemeinschaft Wachtl e.V.,
Pendlingstraße 6, 83088 Kiefersfelden, Tel. 0 80 33/88 74

Betriebstage

Sa und So ab Mitte Juni bis Mitte Sept. und an den Weihnachtsfeiertagen.

Fahrplan

Kiefersfelden ab Sa 14.30, 16.30, 18.30;
Wachtl/Tirol ab Sa 15.20, 17.20, 21.20;
Kiefersfelden ab So 12.20, 14.30, 16.30;
Wachtl/Tirol ab So 13.00, 15.20, 17.20.
Ankunftszeiten jeweils 20 Minuten nach Abfahrt.

Fahrpreise

Ef DM 4,–, Rf DM 8,–, Kinder 6–14 Jahre zahlen die Hälfte. Fahrradtransport ist nicht möglich, aber bis zu 3 faltbare Kinderwagen können verladen werden.

Triebfahrzeuge

2 E-Loks Typ Krokodil (1929), 1 Diesel-Heeresfeldbahnlok zum Rangieren.

Anfahrt

Mit der DB über Rosenheim nach Kiefersfelden. Mit dem Auto auf der A 93, Ausfahrt Kiefersfelden, dann der Beschilderung zum Hbf des Wachtl-Express am Siedlerweg folgen. P an verschiedenen Plätzen zwischen DB-Bf und Museums-Hbf.

Tourist-Information

Kur- und Verkehrsamt, Dorfstraße 23, 83088 Kiefersfelden, Tel. 0 80 33/97 65 27, Fax 0 80 33/97 65 44.

Der Wachtl-Express ist eine internationale Zugverbindung, denn er fährt bis nach Tirol. Und er ist eine Lokalbahn; die Haltepunkte auf der 5,1 km langen Strecke heißen Kohlstatt („Schaupenwirt"), Hechtsee („Kurzenwirt"), Breitenau („Ledererhof"), Gießenbachklamm („Schopperalm"), und an der Endhaltestelle gibt es noch ein Lokal, das „Gasthaus Wachtl". Aber auch im Zug ist für durstige Reisende gesorgt. Einer der drei Personenwagen ist zum Barwagen umgebaut worden, an der KGB-Bar gibt es bayerisches Weißbier und andere Getränke. Auch die beiden anderen Personenwagen stammen von der Wendelsteinbahn in Brannenburg und wurden 1912 gebaut. Die sommerlichen Wochenend- und die Weihnachtsfahrten finden auf der Schmalspurstrecke statt, auf der werktags 12 bis 14 Züge mit etwa je 400 Tonnen Kalkstein von Thiersee in Tirol zum Werk Kiefersfelden der Heidelberger Zement AG transportiert werden – gezogen von den beiden roten elektrischen Krokodilen, die auch den Wachtl-Express mit 20 km/h durch die schöne Landschaft beim Luftkurort Kiefersfelden am Kaisergebirge ziehen.

Der Wachtl-Express überquert den Kieferbach.

2 Tegernsee-Bahn

Regelspur 1435 mm

BLV Bayerischer Localbahn Verein e.V.,
Postfach 13 11, 83682 Tegernsee, Tel. 0 89/4 48 12 88

Betriebstage

Die meisten So von Ende Juni bis Mitte Okt., Nikolausfahrten am So nächst Nikolaus, Winterfahrten.

Fahrplan

Tegernsee ab vormittags, mittags, nachmittags; Schaftlach an 26 Minuten später; Schaftlach ab nach jeweils etwa 30 Minuten.

Fahrpreise

Ef DM 7,50, Kinder DM 4,–, Rf DM 12,–, Kinder DM 6,–, Tageskarte DM 20,–, Kinder DM 10,–. Fahrradtransport ist möglich.

Triebfahrzeuge

Dampflok TAG 7 (1'D1' h2t, Krauss-Maffei, 1936).

Anfahrt

Mit der DB bis München Hbf, weiter mit der Tegernsee-Bahn bis Tegernsee. Mit dem Auto auf der A 8, Ausfahrt Holzkirchen (B 318) oder Irschenberg (B 472). P am Bf Tegernsee.

Tourist-Information

Kuramt Tegernsee, Hauptstraße 2, 83684 Tegernsee, Tel. 0 80 22/18 01 40, Fax 0 80 22/37 58.

Um die Orte am Tegernsee an das Schienennetz der Staatsbahn anzuschließen, wurde 1883 die 7,7 km lange Strecke Schaftlach – Gmund in Betrieb genommen. Die Eisenbahn-Aktiengesellschaft eröffnete das zweite Teilstück bis Tegernsee erst im Jahr 1902; nun hatte die Strecke eine Länge von 12,3 km. 1955 stellte die TAG, Tegernsee-Bahn AG, die erste Diesellok in Dienst. 1969 wurde die erste Dampflok, TAG 6, abgestellt; die TAG 7 versah weiter ihren Dienst, führte auch historische Züge, wurde aber 1975 abgestellt. Doch das war nicht ihr Ende. 1978 führte der neugegründete Bayerische Localbahn Verein zusammen mit der Tegernsee-Bahn eine Hauptuntersuchung durch, und die tüchtige Maschine nahm wieder ihren Dienst auf. Seitdem zieht sie die historischen Wagen aus der Zeit von 1927 bis 1934 von Tegernsee am malerischen Ufer entlang über die Mangfall nach Gmund, bergauf durch Moosrain durch Wälder und über Wiesen nach Schaftlach und zurück. Auf der Fahrt genießen wir die Aussicht und die zünftigen Getränke, die im Zug ausgeschenkt werden. Der Bayerische Localbahn Verein, der diese Fahrten unter der Betriebsführung der Tegernsee-Bahn Betriebsgesellschaft mbH veranstaltet, unterhält in Bayerisch Eisenstein das Localbahnmuseum und unternimmt von dort auch Fahrten mit Dampfsonderzügen (Beschreibung Nr. 5).

Die TAG 7 zieht den Museumszug am Gmunder Berg.

Chiemseebahn

Schmalspur 1000 mm

Chiemsee-Schiffahrt Ludwig Feßler, Abt. Chiemseebahn,
Seestraße 108, 83209 Prien am Chiemsee,
Tel. 0 80 51/60 90, Fax 0 80 51/6 29 43

Betriebstage

Von Mitte/Ende Mai bis Ende Sept.

Triebfahrzeuge

Dampflok (Tramway-Kastenlok, B n2t, Krauss, 1887), Diesellok (Typ KG 125 BS, Klöckner-Humboldt-Deutz, 1962).

Fahrplan

Etwa im Stundentakt vormittags bis spätnachmittags; die Fahrt Prien Bf – Hafen Stock dauert 8 Minuten, die Fahrt vom Hafen zurück auch.

Anfahrt

Mit der DB bis Bf Prien. Mit dem Auto auf der A 8, Ausfahrt Bernau am Chiemsee. P in der Nähe des Bf Prien und am Hafen.

Fahrpreise

Ef DM 3,50, Kinder DM 1,50; Rf DM 5,50, Kinder DM 2,50.

Tourist-Information

Verkehrsverband Chiemsee, Alte Rathausstraße 11, 83209 Prien, Tel. 0 80 51/6 90 50.

Es war einmal, daß sich die Tochter der Nixenkönigin vom Chiemsee in Kaspar, den Lokführer der Chiemseebahn verliebte. Frühmorgens tauchte sie auf und setzte sich ans Ufer, um ihm bei der Arbeit zuzuschauen. Da trafen sie die Strahlen der aufgehenden Sonne, und sie erstarrte. Noch heute sitzt sie hier am Hafen, wo die Chiemseebahn vom Ferienbahnhof Prien die Gäste zur Chiemsee-Schiffahrt bringt und sie nach der Rundfahrt auf dem See wieder abholt. Seit 1887 fährt die Bahn die 1,91 km lange Strecke von Prien zum Hafen Stock, und die Dampflok ist immer noch die von damals. Die Chiemseebahn ist die älteste Dampfstraßenbahn der Welt, die fährt und unter Denkmalschutz steht.

Die Chiemseebahn, seit 1887 unter Dampf.

4 Wanderbahn im Regental

Regelspur 1435 mm

WiR – Wanderbahn im Regental, Interessengemeinschaft Schienenverkehr Niederbayern e.V., Postfach 1329, 82181 Gröbenzell, Tel. 0 89/23 39 21 19, Fax 09 41/9 46 58 41, Info-Tel. 0 89/8 11 46 52

Betriebstage

Christi Himmelfahrt, Pfingstsonntag, jeder So Juni–Aug., die beiden letzten So im Sept., am ersten und letzten So im Dez.

Eisenbahnfeste

Das Bahnhofsfest in Gotteszell wird Mitte Mai gefeiert, an diesem Tag fährt ein Sonderzug.

Fahrplan

Viechtach ab 9.40, 13.40, 17.10, Gotteszell an 10.30, 14.30, 18.00; Gotteszell ab 10.50, 15.20, 18.18, Viechtach an 11.40, 16.10, 18.55; der letzte Zug jeweils nur Mai – Aug.

Fahrpreise

Rf DM 19,–, Kinder 4–14 Jahre DM 9,–. Fahrrad- und Kanutransport kostenlos.

Triebfahrzeuge

Diesellok D 07 (312 150 der DR), D 03 (MaK) und Köf II.

Anfahrt

Mit der DB über Plattling bis Gotteszell. Mit dem Auto auf der A 3, Ausfahrt Deggendorf-Mitte. P an den Bahnhöfen.

Tourist-Information

Fremdenverkehrsamt, 94234 Viechtach, Tel. 0 99 42/1 94 33.

Seit 1991 verkehrt auf der stillgelegten Strecke zwischen Gotteszell und Viechtach im Naturpark Bayerischer Wald die Wanderbahn im Tal des Schwarzen Regen. Diese wildromantische Flußlandschaft erleben wir vom Zug aus. Nach Gotteszell, immer einem Nebenfluß des Schwarzen Regen entlang, halten wir in Ruhmannsfelden und Patersdorf, um in Teisnach auf unseren dunklen Fluß zu treffen. Vor Gumpenried-Asbach halten wir am Böpracher Tunnel; die nächsten Stationen am Fluß heißen Nußberg-Schönau, Gstadt und Schnitzmühle, bevor wir nach 25 km Fahrt Viechtach erreicht haben. Unterwegs haben wir Erwachsene Kostproben der Hausbrennerei Penninger genossen und den Bärwurz gelobt. Aber auch andere Getränke gibt es im Zug.

Die Wanderbahn mit D 03 bei Patersdorf.

Böhmerwaldfahrten

5

Regelspur 1435 mm

BLV Bayerischer Localbahn Verein e.V.,
Postfach 1311, 83682 Tegernsee, Tel. 0 89/4 48 12 88;
Localbahnmuseum Bayerisch Eisenstein, Bahnhofstraße 44,
94252 Bayerisch Eisenstein, Tel. und Fax 0 99 25/13 76

Betriebstage

Sa und So April–Okt., Weihnachtsfahrten, Silvester- und Neujahrsfahrten; genaue Termine bitte erfragen.

Eisenbahnfeste

Voraussichtlich gibt es im Aug. beim Dampfzug ein Dampfbierfest.

Fahrplan

Bayerisch Eisenstein ab 10.00, 12.50, im April und im Winter 14.42, Ende Mai–Okt. 15.20; Hojsova Stráž an 10.50, 13.39, 15.20, 16.03; Hojsova Stráž ab 11.35, im April und im Winter 13.50 und 15.52, Ende Mai–Okt. 14.00, 16.30; Bayerisch Eisenstein an 12.25, 14.32, 14.45, 16.38, 17.15.

Fahrpreise

Rf DM 17,–, Kinder DM 8,–.

Triebfahrzeuge

Dampfloks der ČD, der Tschechoslowakischen Staatsbahn: 534.0432 (1'E h2, Ceskomoravska, 1946), 475.111 (2'D1' h2, Škoda, 1947–1951), 423.009, 310.072.

Anfahrt

Mit der DB bis Bayerisch Eisenstein. Mit dem Auto auf der A 3, Ausfahrt Deggendorf, B 11 über Zwiesel nach Bayerisch Eisenstein. P am Anton-Pech-Weg, der Parallelstraße zur Bahnhofstraße.

Tourist-Information

Verkehrsamt, Schulbergstraße 1, 94252 Bayerisch Eisenstein, Tel. 0 99 25/3 27, Fax 0 99 25/4 78.

Der Bayerische Localbahn Verein, gegründet 1975, der auch die Fahrten auf der Tegernsee-Bahn (Beschreibung Nr. 2) veranstaltet, hat seine umfangreiche Sammlung, darunter etwa 20 historische Fahrzeuge, im denkmalgeschützten Lokschuppen von 1877 des bayerischen Bahnhofs Eisenstein zur Schau gestellt. (Öffnungszeiten: Anfang Mai–Ende Okt. 10.00 – 12.30 und 14.00 – 17.00 Uhr außer Mo und Di vormittags, zusätzlich in den Ostern- und Weihnachtsferien durchgehend.)

Wenige Schritte vom Localbahnmuseum steht der Grenzbahnhof, teils auf deutscher und teils auf tschechischer Seite. Von hier dampfen die Züge, in die ein Buffetwagen und ein Gepäckwagen eingestellt sind, in den Böhmerwald. Nach der Überquerung des Teufelsbachs geht es durch einen 160 m langen Tunnel und stetig in Kurven steil bergauf. Der erste Halt auf tschechischer Seite erfolgt in Železná Ruda Město (Markt Eisenstein), der nächste in Špičák (Spitzberg). Nach der Durchfahrt eines 1803 m langen Tunnels, die etwa 5 Minuten dauert, erreichen wir nach insgesamt 16 km den Bahnhof von Hojsova Stráž (Eisenstraß).

Der Museumszug verläßt den Bf Bayerisch Eisenstein.

6 Romantische Schiene ab Nördlingen

Regelspur 1435

BEM Bayerisches Eisenbahnmuseum e.V.,
Am hohen Weg, 86720 Nördlingen,
Tel. 0 90 81/98 08 (Info) und 0 90 83/3 40, Fax 0 90 83/3 88

1969 wurde der Verein gegründet, betreute Denkmalslokomotiven und führte seit 1972 Dampfsonderfahrten im Süden von München durch, seit 1981 mit eigenen Fahrzeugen. Die inzwischen umfangreiche Sammlung an Loks und Wagen fand im Bahnbetriebswerk Nördlingen 1985 eine neue Heimat. Der ursprüngliche Bau wurde 1849 errichtet, in den Jahren bis 1937 erweitert und nach der Zerstörung 1945 neu aufgebaut. Hier sind die vielen betriebsfähigen und abgestellten Loks und Wagen zu sehen. Das Bayerische Eisenbahnmuseum in Nördlingen zeigt die umfangreichste private Fahrzeugsammlung Bayerns (Öffnungszeiten: März – Juni, Sept., Okt. So 10.00 – 16.00 Uhr; Juli, Aug. Di – Sa 12.00 – 16.00, So 10.00 – 18.00 Uhr). Zur ersten

Betriebstage

Ostern – Ende Okt. an bestimmten So und Wochenenden. Genaue Termine bitte erfragen.

Eisenbahnfeste

Im Frühjahr und im Sommer werden die „Rieser Dampftage“ veranstaltet. Im Sommer gibt es an einem Wochenende auch „Jazz im Lokschuppen“. Genaue Termine bitte erfragen. Am letzten Juni-Wochenende 1999 Jubiläumsfest „30 Jahre Bayerisches Eisenbahnmuseum“.

Fahrplan

Nördlingen ab 11.10, 13.10, 15.10;
Harburg (Sch) an 11.35, 13.35, 15.35;
Harburg (Sch) ab 12.10, 14.10, 16.12;
Nördlingen an 12.33, 14.33, 16.35.
Weitere Fahrten z.B. nach Dinkelsbühl, Gunzenhausen, Aalen, Fünfstetten-Monheim. Termine und Fahrplan bitte erfragen.

Fahrpreise

Rf DM 20,–, Kinder 4 – 11 Jahre DM 14,–. Fahrradtransport ist kostenlos.

Triebfahrzeuge

Dampflok 01 066 (2'C1' h2, Schwartzkopff, 1928, ex DR 01 2066-7), 03 295 (2'C1' h2, 1937), 18 478 (2'C1' h4v, bayer. S 3/6, die „Königin der Dampflokomotiven“, Maffei, 1918), 41 1150-6 (1'D1' h2, Schichau, 1939, ex 41 150, rekonstruiert 1960 durch die DR der DDR), 50 3539, 50 0072 (1'E h2, Umbau der DR der DDR).

Anfahrt

Mit der DB bis Nördlingen Bf. Mit dem Auto auf der A 7, Ausfahrt im Norden Aalen, im Süden Heidenheim. P am Bf.

Tourist-Information

Fremdenverkehrsamt, Am Marktplatz 2, 86720 Nördlingen, Tel. 0 90 81/43 80.

Strecke der Museumszüge, Monheim – Fünfstetten, wurden seit 1988 und 1989 auch Fahrten von Nördlingen nach Dinkelsbühl und nach Gunzenhausen veranstaltet, die dem Lauf der „Romantischen Straße“ folgen. So stehen diese Fahrten unter der Bezeichnung „Romantische Schiene“. Etwa 40 Wagen, von Lokalbahnwagen aus dem Jahr 1902 bis zu den Schnellzugwagen der 50er Jahre, stehen für die Personenbeförderung zur Verfügung. Die Züge sind bewirtschaftet, es gibt kleine Speisen und Getränke aller Art. Draußen zieht die wunderschöne Landschaft vorbei, am Ziel erwarten uns sehenswerte Orte.

Die bayerische S3/6, die „Königin der Dampflokomotiven“.

7 Fränkische Museums-Eisenbahn

Regelspur 1435 mm

FME Fränkische Museums-Eisenbahn e.V.,
Glogauer Straße 15, 90473 Nürnberg; Betriebsgelände: FME,
Am Nordostbahnhof, 90491 Nürnberg, Tel. und Fax 09 11/5 10 96 38

Betriebstage

Nürnberg Nordost – Gräfenberg
1. Mai, 2. Dez.-Sonntag;
Nürnberg Hbf – Bad Windsheim
1. Nov. bis 1. Dez.-Sonntag

Fahrplan

Die Museumszüge fahren auf den Strecken der DB, erst etwa 4 Wochen vor der Veranstaltung lassen sich die Fahrzeiten festlegen.

Fahrpreise

Rf nach Gräfenberg DM 25,–, Kinder DM 15,–, Rf nach Bad Windsheim DM 49,–, Kinder DM 24,–. Fahrradtransport ist möglich.

Triebfahrzeuge

Dampflok 52 8195 (1'E h2), eine ehemalige Kriegslokomotive, die ab 1960 umgebaut wurde.

Anfahrt

Mit der DB bis Nürnberg Hbf, mit der U-Bahn U 21 weiter zum Nordostbahnhof.
Mit dem Auto auf der A 3, Ausfahrt Nürnberg-Nord, Richtung Zentrum bis Leipziger Platz, links liegt der Nordostbahnhof.
P an den Bahnhöfen.

Tourist-Information

Hauptmarkt, 90403 Nürnberg,
Tel. 09 11/2 33 60.

Abfahrt nach Gräfenberg, Nürnberg Nordostbahnhof.

Die eine Fahrt führt von Nürnberg 30 km nach Nordosten in die Fränkische Schweiz nach Gräfenberg, wo zehn Wanderwege mit einer Gesamtlänge von 75 km einladen, die Schönheiten der Natur zu entdecken. Zur Maifahrt wird der fränkische Bauernmarkt am Bahnhof veranstaltet. Nehmen wir den Dezemberzug, erleben wir den Gräfenberger Weihnachtsmarkt.

In die andere Richtung, nach Westen, bringt uns der Zug, auch mit den Umbauwagen (B3yg, Byg) und dem Speisewagen (Bauart Halberstadt) am Haken, nach etwa 60 km nach Bad Windsheim am Rand des Naturparks Frankenhöhe. Mit unserer Fahrkarte erhalten wir verbilligten Eintritt ins Fränkische Freilandmuseum mit seinen vielen historischen Häusern.

Dampfbahn Fränkische Schweiz

Regelspur 1435 mm

DFS Dampfbahn Fränkische Schweiz e.V., Postfach 1101,
91316 Ebermannstadt, Tel. und Fax 0 91 94/40 51

Betriebstage

Sonn- und Feiertage vom 1. Mai bis Ende Okt., Dampfzüge an jeweils einem So im Monat. Sonderfahrten.

Eisenbahnfeste

Am 2. Juli-Wochenende wird das Oldtimerfest, am 1. Sept.-Wochenende das Lokalbahnfest gefeiert.

Fahrplan

Ebermannstadt ab 10.00, 14.00, 16.00;
Behringersmühle ab 11.00, 15.00, 17.00;
Fahrtzeit jeweils 45 Minuten.

Fahrpreise

Rf DM 16,–, Kinderermäßigung.
Fahrradtransport ist möglich.

Triebfahrzeuge

Dampfloks 1 „Ebermannstadt" und 2 „Nürnberg" (B n2t, Hanomag, 1923, von den Städtischen Werken Nürnberg), 4 (ELNA 6, D h2t, BMAG, 1930, vom Eschweiler Bergwerks-Verein, der sie von der Hersfelder Kreisbahn übernommen hatte), Lok 8, 64 491 (1'C1' h2t, O & K, 1940), Lok 2, Akku-Lok (Bo, Schalker Eisenwerke, 1957, von der Kraftwerks-Union), Lok 6, 7 und 9, Dieselloks V 36 235, V 36 123 und V 36 108 (Jung, 1939, BMAG, 1940), Dieseltriebwagen VT 1 (VT 135 069, Busch, Bautzen, 1937).

Anfahrt

Mit der DB bis Forchheim, umsteigen nach Ebermannstadt.
Mit dem Auto auf der A 73, Ausfahrt Ebermannstadt/Fränkische Schweiz.
P am Bf.

Tourist-Information

Tourismuszentrale Fränkische Schweiz, Oberes Tor 1, 91320 Ebermannstadt, Tel. 0 91 94/79 77 79, Fax 0 91 94/79 77 76.

1891 wurde die Strecke von Forchheim nach Ebermannstadt durch das Wiesenttal dem Verkehr übergeben; die weiteren Teilstrecken verzögerten sich, die letzte zwischen Gößweinstein und Behringersmühle wurde erst 1930 in Betrieb genommen. 1976 erfolgte die Stillegung.

Schon 1974 wurde die DFS gegründet, und 1978 ging die eingleisige, 16 km lange Strecke Ebermannstadt – Behringersmühle in den Besitz des Vereins über, dem nun auch 9 Brücken, 35 Wegkreuzungen, 100 Durchlässe, 10 Weichen auf der Strecke und 7 im Bahn- und Betriesbshof in Ebermannstadt gehören. 1980 wurde der Betrieb der Museumsbahn aufgenommen. Viele Wagen gehören zur DFS, der Buffetwagen wird bei Dampffahrten mitgenommen.

Nach der Abfahrt im Bf, 291 m über NN, durchquert unser Zug das malerische Scheunenviertel, wechselt auf die andere Talseite und kommt zum Haltepunkt

Die Dampfbahn unter der Ruine Neideck.

Gasseldorf. Von hier zweigte einst die Strecke nach Heiligenstadt ab, die 1968 abgebaut wurde.

Nach dem Haltepunkt überqueren wir den Wasserlauf der Leinleitner. Links sehen wir die Ruine Streitburg, nach dem Verlassen des Bahnhofs Streitberg rechts die Ruine Neideck. Stetig bergauf geht die Fahrt der Wiesent entlang, die wir überqueren, um auf der Hälfte der Strecke in Muggendorf zu halten. An steil aufragenden Felspartien vorbei dampfen wir zum Haltepunkt Burggaillenreuth. Bald sehen wir rechts über dem Tal Burg und Basilika des Wallfahrtsortes Gößweinstein. Der Bf hier ist der letzte vor dem End-Bf Behringersmühle, 324 m über NN.

Museumsbahn Neuenmarkt – Kulmbach

Regelspur 1435 mm, im Museum 600 mm

DDM Deutsches Dampflokomotiv-Museum,
Birkenstraße 5, 95339 Neuenmarkt,
Tel. 0 92 27/57 00, Fax 0 92 27/57 03, Dampf-Hotline 0 92 27/57 55;
Verein der Freunde des Deutschen Dampflokomotiv-Museums
Neuenmarkt e.V., Weiherer Straße 18, 95326 Kulmbach

Betriebstage

Museum: 1. Mai – 31. Okt.,
Di – Fr 9 – 12, 13 – 17 Uhr,
Sa, So, Feiertage 10 – 17 Uhr;
1. Nov. – 30. April,
Di, Fr, Sa, So, Feiertage 10 – 12, 13 – 16 Uhr.
Geschlossen am 24., 25., 31. Dez., 1. Jan.,
Faschingsdienstag.
Neuenmarkt – Kulmbach: 1. Mai, Himmelfahrt,
Pfingsten, 2. und 4. Juni-Samstag,
3. und 4. Juli-Samstag, 2. und 4. Sept.-Samstag, 1. und 3. Okt.-Samstag.

Eisenbahnfeste

Die Pfingst-Dampftage sind ein großes Ereignis im Museum.

Fahrplan

Die genauen Termine für die Fahrten bitte erfragen.

Fahrpreise

Großes Billett:
Rf Neuenmarkt – Kulmbach, Schiefe Ebene,
Eintritt in beide Museen DM 24,–.
Kleines Billett:
Rf Neuenmarkt – Kulmbach
oder Schiefe Ebene DM 12,–.
Mini-Billett:
jeweils nur eine Ef DM 6,–.
Kinder 4 – 12 Jahre zahlen die Hälfte.

Triebfahrzeuge

Dampflok 86 457 (1'D1' h2,
Lokomotivbau der DWM Deutsche Waffen- und Munitionsfabrik, Posen, 1942).

Anfahrt

Mit der DB bis Bf Neuenmarkt-Wirsberg.
Mit dem Auto auf der A 9,
Ausfahrt Bad Berneck/Himmelkron.
P am Bf.

Tourist-Information

Landratsamt Kulmbach, Fremdenverkehr,
Konrad-Adenauer-Straße 5, 95326 Kulmbach,
Tel. 0 92 21/7 07-0, Fax 0 92 21/7 07-240.

Das Bw Neuenmarkt-Wirsberg wurde 1975 aufgelöst. Damit war der Ort bereitet für für das Deutsche Dampflokomotiv-Museum. Mehr als 30 Dampfloks, bayerische, preußische, sächsische, DR- und DB-Loks, Feldbahn-, Industrieloks und andere Fahrzeuge werden hier gepflegt und ausgestellt. Ein originalgetreuer Nachbau der „Adler", der Lokomotive der ersten deutschen Eisenbahn, ist ebenso zu sehen wie manches Maschinenteil und Gerät. Auf dem Gelände des Museums, vor dem großen Ringlokschuppen, fahren Schmalspur-Züge; auch Führerstands-Mitfahrten sind möglich.

Wer ein Großes Billett erworben hat, steigt dann in den Zug aus historischen Wagen. 40 km Fahrt liegen vor uns, aber im Zug gibt es kleine Speisen und Getränke aller Art. Unser Zug verläßt den Bf Richtung Marktschorgast und erreicht auf halber Strecke die Schiefe Ebene. 1848 wurde diese Steilstrecke errichtet, die den Höhenunterschied von Neuenmarkt, 349 m über NN, zur Bergstation Marktschorgast, 507 m, auf nur 8 km überwindet. Im denkmalgeschützten Bf Marktschorgast ist ein Informationszentrum „Naturpark Frankenwald – Schiefe Ebene".
Nach einer Viertelstunde geht die Fahrt über die Schiefe Ebene zurück nach Neuenmarkt, andere Fahrgäste steigen zu, und jetzt fährt unser Zug nach Kulmbach, immer am Weißen Main entlang. Nach 23 Minuten hält der Zug, wir sind auf dem Hof des Mönchshof-Bräus in Kulmbach. Jetzt haben wir Zeit, das Bayerische Brauereimuseum zu besichtigen und anschließend in den Biergarten zu gehen, bevor die Rückfahrt auf dem Fahrplan steht.

Auf der Schiefen Ebene.

König-Ludwig-Dampfbahn

Schmalspur 600 mm

König-Ludwig-Dampfbahnverein Bad Brückenau e.V.,
Tel. 0 97 41/91 12 11;
Rolf Jirowetz, Krämerstraße 12, 36381 Schlüchtern,
Tel. und Fax 0 66 61/18 40

Betriebstage

April–Ende Okt. jeden So – aber nur bei gutem Wetter, Ostern, Pfingsten, Nikolausfahrten.

Eisenbahnfeste

Im Sommer wird das Sommer-Dampfbahnfest gefeiert.

Fahrplan

Bitte genaue Termine erfragen.

Fahrpreise

Ef DM 2,–, Rf DM 4,–, Kinder 3–16 Jahre zahlen die Hälfte. Fahrradtransport ist möglich.

Triebfahrzeuge

Dampflok (B n2, Hohenzollern, 1923), eine weitere Lok ist in Arbeit, 4 Dieselloks (von der DR der DDR).

Anfahrt

Mit der DB bis Jossa, weiter mit dem Bus. Mit dem Auto auf der A 7, Ausfahrt Bad Brückenau. P in der Stadt.

Tourist-Information

Kurverwaltung, Heinrich-von-Bibra-Straße 25, 97769 Bad Brückenau, Tel. 0 97 41/8 02-0, Fax 0 97 41/8 02-40.

Der bayerische König Ludwig I. hatte Bad Brückenau, zwischen Spessart und Rhön im schönen Tal der Sinn, zu seinem Lieblingskurort erkoren. Ihm zu Ehren trägt die Dampfeisenbahn, die ihre erste Fahrt am 7. Dez. 1966 unternommen hat, seinen Namen.

Zur Zeit sind 2,2 km der Strecke betriebsbereit, in der nächsten Zeit sollen es 4 km sein. Zwei Bahnhöfe und eine 12 m lange Brücke über die Sinn sind fertiggestellt. Drei Personenwagen und ein Buffetwagen gehören zum Fahrzeugbestand, ebenso ein Schienenfahrrad und eine Handhebeldraisine, die alle dem königlichen Vergnügen dienen, auf der Eisenbahn zu fahren.

Die Dampfbahn fährt über die Sinn.

11 Rhön-Zügle

Regelspur 1435 mm

Frankisches Freilandmuseum Fladungen, 97650 Fladungen, Tel. 0 97 78/91 23-0, Fax 0 97 78/91 23-45

Betriebstage

Sonn- und Feiertage vom 2. April-Sonntag bis Anfang Nov., an den Osterfeiertagen nur bei gutem Wetter; davon etwa ein Drittel Dampf-, zwei Drittel Dieselbetrieb.

Fahrplan

Fladungen ab 10.00, 12.30, 15.30;
Ostheim v.d. Rhön ab 11.00, 13.30, 16.15;
Fahrtzeit je 35 Minuten.

Fahrpreise

Dampfbetrieb Ef DM 9,–, Rf DM 15,–, ermäßigte Karten (Schüler, Studenten, Behinderte, Wehr- und Zivildienstleistende) Ef DM 7,–, Rf DM 9,–; Dieselbetrieb Ef DM 7,–, Rf DM 11,–, ermäßigt Ef DM 4,–, Rf DM 7,–. Fahrradtransport ist kostenlos.

Triebfahrzeuge

„Alfred", Hohenzollern Dampflok Fabr.-Nr. 1669, Betr.-Nr. 2 (B n2t, 1903).
Diesellok Gmeinder Fabr.-Nr. 2582 (1940).
Dieseltriebwagen VT 103, Esslingen (1952), mit VB 169 (1954).
Köf, Rangierlok, Krauss-Maffei (1934).

Anfahrt

A 7, Ausfahrt Fulda-Süd/Eichenzell, auf der B 279 und der B 284 nach Osten.
P am Freilandmuseum.

Tourist-Information

Fränkisches Freilandmuseum Fladungen und Fremdenverkehrsamt im Rathaus, 97650 Fladungen, Tel. 0 97 78/91 91 20.

1987 wurde die Bahn-Nebenstrecke Mellrichstadt – Fladungen stillgelegt. Der Zweckverband Fränkisches Freilandmuseum Fladungen erwarb von der Bundesbahn die 10,8 km lange Teilstrecke Fladungen – Ostheim v.d. Rhön und eröffnete 1996 die Museumseisenbahn „Rhön-Zügle". Vielleicht kommt demnächst noch die Teilstrecke Ostheim – Mellrichstadt hinzu. Den Dampfbetrieb führen die Eisenbahnfreunde Untermain e.V., Aschaffenburg, den Dieselbetrieb der Verein Thüringisch-Fränkische Museumseisenbahn e.V., Nordheim v.d. Rhön, durch.

„Alfred" war bis 1974 als Werkslok im Einsatz und wurde von Aschaffenburger und Offenbacher Eisenbahnfreunden betriebsfähig restauriert. Die Diesellok war bis 1951 bei der Dynamit AG, dann bei der Industrie- und Hafenbahn in Offenbach. Seit 1982 war sie Museumsfahrzeug, jetzt zieht sie das „Rhön-Zügle". Angehängt werden zwei Personenwagen der Bauart Bi, 2. Klasse, Bj. 1917–1925, modernisiert in den 50er Jahren, scherzhaft „Donnerbüchsen" genannt. Der Gesellschaftswagen, mit einer Theke ausgerüstet, Bauart WGyg, Bj. 1938, war bis in die 70er Jahre ein Postwagen. Der gedeckte Güterwagen, Bauart Gls, Bj. 1966, dient auch dem Fahrradtransport. Der Bf von 1898 liegt neben dem Eingang zum Freilandmuseum.

„Alfred" dampft durch die Rhön.

Kahlgrundbahn

Regelspur 1435 mm

Dampfbahnfreunde Kahlgrund e.V.,
Ahornweg 36, 63741 Aschaffenburg, Tel. 0 60 21/8 88 72

Betriebstage

April–Okt. jeden 1. So, Nikolausfahrten.
Neu: Hanau Hbf – Höchst (Odenwald),
Anfang April, Anfang Mai,
jeden 3. So im Juni, Juli, Aug., Sept.,
Nikolausfahrten am 2. Dez.-Sonntag.
Sonderfahrten auf der Taunusbahn
Friedrichsdorf – Usingen an drei Oktobertagen,
Sonderfahrten Würzburg – Bad Mergentheim
an drei Maitagen.
Genaue Termine bitte erfragen.

Eisenbahnfeste

1. Aug.-Sonntag Bahnhofsfest in Alzenau
mit erweitertem Fahrplan. Bw-Fest in Hanau mit
Dampflokparade und allen Loks im Einsatz.
Genauen Termin bitte erfragen.

Fahrplan

Kahlgrundbahn: Kahl ab 10.00, 14.25;
Schöllkrippen an 11.15, 15.30;
Schöllkrippen ab 12.45, 16.45;
Kahl an 13.45, 17.50.
Fahrt in den Odenwald: Hanau ab 10.00, 14.00.
Taunusbahn: Friedrichsdorf ab 10.05, 12.20,
15.20, 18.20;
Usingen an 35 Minuten später;
Usingen ab 9.05, 11.05, 14.05, 17.05;
Friedrichsdorf an 34 Minuten später.

Fahrpreise

Kahlgrundbahn: Ef DM 15,–, Rf DM 20,–,
Kinder 4 – 14 Jahre Ef DM 8,–, Rf DM 10,–.
Fahrradtransport ist kostenlos.

Triebfahrzeuge

Dampflok 50 3673 (1'E h2, Borsig, 1941,
Rekonstruktion 1961 bei der DR der DDR,
bei den Dampfbahnfreunden seit 1991) und
89 906 (C n2t, Linke-Hofmann-Busch, 1929),
Diesellok DL 6 (Gmeinder, 1939).

Anfahrt

Kahl: Mit der DB bis Bf Kahl.
Mit dem Auto auf der A 45, Ausfahrt Alzenau.
Hanau: Mit der DB bis Hbf Hanau.
Mit dem Auto auf der A 3, A 45, A 66,
Ausfahrt Hanau.
Taunusbahn: Mit der DB bis Bf Friedrichsdorf.
Mit dem Auto auf der A 5, Ausfahrt Friedberg
oder Bad Homburger Kreuz.
P an allen Bahnhöfen.

Tourist-Information

Gemeinde Kahl am Main, Rathaus, Aschaffenburger Straße 1, 63796 Kahl, Tel. 0 61 88/94 40;
Verwaltungsgemeinschaft Schöllkrippen,
Aschaffenburger Straße 68,
63825 Schöllkrippen, Tel. 0 60 24/6 73 50.

Im vorigen Jahrhundert war „die Not im Spessart“ sprichwörtlich. 1898 endlich wurde die Kahlgrundbahn erbaut, damit die Menschen zur Arbeit nach Aschaffenburg, Hanau, Offenbach und Frankfurt fahren konnten. Noch heute bringt die Kahlgrundbahn mit ihren modernen Triebwagen die Pendler nach Kahl, wo sie in die Züge der DB umsteigen. Wenn die Dampfbahnfreunde den Schienenweg an den Betriebstagen mit ihren historischen Zügen befahren, herrscht Festlaune, junge und alte Eisenbahnfreunde sind von überall her gekommen.

1988 wurde der Verein gegründet, im Jahr darauf zog die 89 906 die ersten Waggons auf der Strecke der Kahlgrundbahn. Der „Sambawagen“, der Buffetwagen, war damals schon dabei. Hier verköstigen sich die Reisenden.

12

Die beiden Dampfloks im Kahlgrund.

Die Fahrt beginnt in Kahl am Bahnhof, Fahrräder werden in einen Güterwaggon eingestellt. Dann ertönt der Pfiff. Schon vor dem ersten Halt in Alzenau sehen wir vor uns, hoch aufragend auf einem Fels, die Burg Alzenau, erbaut 1395–1399. Wir fahren weiter, immer dem Lauf der Kahl entlang, kommen an Kälberau vorbei und sehen rechts die Wallfahrtskirche zur „Muttergottes vom rauhen Wind". Wir dampfen durch den Weinbauort Michelbach, rechts grüßt der 437 m hohe Hahnenkamm herüber. An Höfen, Mühlen und Weilern vorbei geht die Fahrt zum nächsten Halt in Mömbris. Die historische Ölmühle aus dem 17. Jahrhundert sehen wir rechts, nachdem der Zug den Bahnhof wieder verlassen hat. Durch die schmucken Orte Schimborn, Königshofen und Blankenbach dampft der Zug den Kahlgrund hinauf, um nach 28 km Schöllkrippen zu erreichen.

Von Kahl mit seinen 110 m Höhe haben wir jetzt 206 m über NN erklommen. Die Wanderer begeben sich auf einen der vielen Wege. Die beiden Kahlquellen liegen 7 km in Richtung Nordosten entfernt. Hier empfiehlt es sich, mit den Fahrrädern den reizvollen Weg bis zum Weiler Bamberger Mühle zurückzulegen.

Museumsbahn Wutachtal

Regelspur 1435 mm

Sauschwänzlebahn,
Postfach 1 20, 78170 Blumberg,
Tel. 0 77 02/5 12 00, Fax 0 77 02/5 12 22

Betriebstage

1. Mai – Ende Okt. an jedem Sa und So, an fast jedem Mi und Do, sehr oft vor- und nachmittags; Ende Okt. Fahrten mit dem Sauschwänzleexpress. Genaue Termine bitte erfragen.

Eisenbahnfeste

Ein Sa Mitte Okt. ist der Tag des „Dixiebähnle". Dixielandfans und Eisenbahnfreunde treffen sich am Bf Zollhaus, trinken Sekt und hören Musik. Um 14.30 ist Abfahrt des Zuges, an verschiedenen Haltestellen werden Konzerte veranstaltet. Auf der Rückfahrt gibt es Abendessen mit Dixielandjazz.

Fahrplan

Blumberg-Zollhaus ab 10.00, 14.00, Weizen an 11.08, 15.08; Weizen ab 11.30, 15.40, Blumberg-Zollhaus an 12.35, 16.45.

Fahrpreise

Ef DM 16,50, Rf DM 22,–, Kinder 4 – 14 Jahre zahlen die Hälfte. Fahrradtransport DM 2,–. Dixiebähnle: DM 70,– (mit Sekt, Musik, Abendessen), Kinder DM 45,– (ohne Sekt). Kartenvorverkauf.

Triebfahrzeuge

Dampflok 50 2988 (1'E h2, Wiener Lokomotivfabrik, 1942), 86 333 (1'D1' h2, 1939), 93 1360, 93 1394, 93 1378 (1'D1' h2, StEG, 1927), Dieseltriebwagen VT 3 (1952) als Sauschwänzleexpress.

Anfahrt

Mit der DB bis Donaueschingen oder Tuttlingen, weiter mit dem Bus. Mit dem Auto auf der A 81, Ausfahrt Geisingen. P am Bf Zollhaus.

Tourist-Information

Stadt Blumberg
Postfach 120, 78170 Blumberg
Tel. 0 77 02 / 5 12 00, Fax 0 77 02 / 5 12 22.

1887 – 1890 wurde die Wutachtalbahn von der Großherzoglichen Badischen Staatsbahn erbaut. Die Teilstrecke Zollhaus – Weizen hat einen Höhenunterschied von 231 m und eine Länge von 25 km bei 9,6 km Luftlinie. 1976 wurde die Bahnlinie durch die DB stillgelegt. In Zusammenarbeit mit Eurovapor, Vereinigung zur Erhaltung von betriebsfähigen Dampflokomotiven und historischem Eisenbahnmaterial (Postfach 7 65, CH-8021 Zürich), gibt es seit 1977 einen Museumsbahnbetrieb auf dieser Teilstrecke. Der Besuch des Blumberger Eisenbahnmuseums, geöffnet jeweils 1 Stunde vor Abfahrt und nach Ankunft der Züge, ist im Fahrpreis enthalten. Übrigens: Blumberg, „die Dampfeisenbahnstadt", hat in der Stadtbibliothek eine große Bahnbibliothek eingerichtet.

13

Am Bf Zollhaus, 702 m über NN, beginnt die Fahrt. Die beiden Restaurationswagen bieten kleine Speisen und Getränke aller Art an, damit wir während der guten Stunde, die wir unterwegs sind, nicht hungern und dürsten müssen. Vor der Stadt Blumberg geht es in eine Linkskurve und durch den 805 m langen Buchbergtunnel. Über den Biesenbach-Viadukt, 252,5 m lang und 24 m hoch, nach einer großen Kehre und über den Epfenhofer Viadukt, 264 m lang und 34 m hoch, erreichen wir den Bf Epfenhofen, 655 m über NN. Die Strecke wendet sich nach links, dann fahren wir durch den 540 m langen Tunnel am Achdorfer Weg und erreichen den Haltepunkt Wutachblick. Hier können Wandergruppen aussteigen. Wir fahren weiter und kommen nach einer Doppelschleife im Bf Fützen an, 587 m über NN.
Bei der Weiterfahrt überqueren wir den Fützener Talübergang, 153 m lang und 28 m hoch, und erreichen den großen Stockhaldetunnel, einen Kreiskehrtunnel mit einer Länge von 1700 m und einem Durchmesser von 700 m, der sich in einer Spirale aufwärts windet. Kaum sind wir wieder im Tageslicht, durchfahren wir den 85,5 m langen kleinen Stockhaldetunnel, um in den Bf Grimmelshofen, 539 m über NN, einzufahren.
Bald nachdem wir den Bf verlassen haben, kommen wir durch den 224 m langen Grimmelshofener Tunnel und überqueren auf der Wutachbrücke, 107,5 m lang und 28 m hoch, den Fluß. Anschließend öffnet sich der Weiler Kehrtunnel, 1205 m lang, der uns in einem großen Halbkreis in die entgegengesetzte Richung bringt. Nach dem Haltepunkt Lausheim-Blumegg erreichen wir in einer großen Rechtskurve den Bahnhof Weizen, 471 m über NN. Und jetzt wissen wir auch, warum diese Bahn Sauschwänzlebahn heißt, kringelt sich doch der Schienenweg auf vielfältige Art durch die Landschaft.

Die Sauschwänzlebahn.

Kandertalbahn

Regelspur 1435 mm

Zweckverband Kandertalbahn,
Postfach 11 28, 79400 Kandern, Tel. und Fax 0 76 26/8 99 60

Betriebstage

1. Mai, jeden So ab 2. So im Mai bis 3. So im Okt.
Sonderfahrten z.B. zum „Chanderner Roßmärt", Termine bitte erfragen.

Fahrpreise

Rf DM 12,–, Ef DM 8,–, Kinder 4–16 Jahre zahlen die Hälfte.
Fahrradtransport DM 3,–.
Führerstandsmitfahrt nach Voranmeldung beim Verkehrsamt für eine Wegstrecke DM 25,–.

Triebfahrzeuge

Dampflok „Chanderli" (preuß. T 3 Nr. 30, Baureihe 89, C n2, Borsig, 1904), „Tigerli" (schweizer. E 3/3 Nr. 8532, C n2, SLM Winterthur, 1915) und Lok Nr. 10 (Privatbahn- und Industrielok Typ Knapsack Nr. 10, C n2, Krupp, 1952), Diesellok V 7 (Deutz) und Dieseltriebwagen VT 3 (Werdau, 1928).

Eisenbahnfeste

Kindertag „Jim Knopf und Lukas der Lokomotivführer", „Western Express" mit großem Rahmenprogramm, „Kulturbahn" mit Kultur rund ums „Chanderli".
Termine und Sonderfahrpläne beim Verkehrsamt Kandern.

Anfahrt

Mit der DB bis Bf Haltingen, zu Fuß 2 Minuten den Gleisen entlang zum Kandertal-Bf.
Mit Bussen der SWEG nach Kandern.
Mit dem Auto auf der B 5, Ausfahrt Kandern.
P an den Bahnhöfen.

Fahrplan

Kandern ab 9.10, 13.05, 16.05;
Haltingen an 9.45, 13.45, 16.45;
Haltingen ab 10.15, 14.15, 17.00;
Kandern an 11.00, 15.00, 17.35.
Anschlußverbindungen in Haltingen mit DB-Zügen nach Basel Bad. Bf und Freiburg Hbf.

Tourist-Information

Verkehrsamt,
Waldeckstraße 39, 79400 Kandern,
Tel. 0 76 26/8 99 60, Fax 0 76 26/8 99 11.

Kandern ist in aller Welt bekannt. Durch die farbfreudigen Gemälde von August Macke, die er hier seit seinem ersten Besuch 1905 – seine Schwester Auguste war hier verheiratet – bis zu seinem letzten Aufenthalt 1914 gemalt hat. An seine geliebte Elisabeth schrieb er: „... Du glaubst nicht, wie wohl ich mich hier fühle. Alle sind hier so gut. Solch eine kleine Stadt ist etwas Herrliches." Und selbstverständlich war August Macke immer mit der Eisenbahn nach Kandern gefahren. 1895 wurde die Eisenbahnnebenstrecke Haltingen-Kandern dem Betrieb übergeben – nach vielen vorangegangenen, vergeblichen Versuchen, hier eine Eisenbahn zu bauen. 1899 ging die Kandertalbahn in den Besitz der DEBG Deutsche Eisenbahn-Betriebs-Gesellschaft A.-G. über. 1963, von der Stillegung bedroht, übernahm die SWEG Südwestdeutsche Eisenbahn-Gesellschaft diese und andere Nebenstrecken. 1986 wurde die

Das „Tigerli" und das „Chanderli" gemeinsam vor dem Museumszug.

KTB Kandertalbahn Nachfolgerin der SWEG; den Zugbetrieb übernahm die 1962 in Basel gegründete Eurovapor, Vereinigung zur Erhaltung von betriebsfähigen Dampflokomotiven und historischem Eisenbahnmaterial (Postfach 765, CH-8021 Zürich).
1986 war auch das Jahr, in dem das „Chanderli" wieder in den Dienst trat. Diese tüchtige T 3, 1904–1940 auf der Strecke Biberach – Oberharmersbach unterwegs, dann auf verschiedenen Bahnen, 1955–1966 auf der Nebenbahn Haltingen – Kandern, wurde als letzte Dampflok der SWEG ausgemustert. Eisenbahnfreunde nahmen sich ihrer an, und seit 1969 zog das „Chanderli" Museumszüge der Eurovapor auf der Kandertal- und seit 1977 auf der Wutachtalbahn. 1984–1985 wurde die Lok aufgearbeitet, und seit 1986 ist sie wieder im Dienst und zieht die Wagen, typische Nebenbahn-Waggons aus der Zeit von 1878 bis 1940. Und bei schönem Wetter auch den offenen Sommerwagen.
Etwa 45 Minuten dauert die Fahrt auf der 13 km langen Strecke. Jeder Zug ist bewirtschaftet, es gibt warme und kalte Getränke, die Weine und Sekte, die wir genießen, stammen aus den Weinbergen der Winzergenossenschaft Haltingen. Die Croissants und Sandwiches sind frisch vom Bäcker. Auf Vorbestellung können wir jede Speise und jedes Getränk während der Fahrt genießen.
Wenn wir Kandern verlassen haben, sehen wir links die Höhen des Südschwarzwalds. Nachdem rechts die Wolfsschlucht und der Steinbruch passiert sind, fällt die Landschaft gegen den Rhein hin ab. Dem Kanderlauf folgend, halten wir zum ersten Mal in Hammerstein. In den Bahnhöfen von Wollbach, Wittlingen und Rümmingen hält unser Zug auf dem Weg nach Süden; rechts sehen wir die Mühlen am Fluß und am Mühlkanal. Nach einem weiteren Halt, in Binzen, endet unsere Fahrt durchs schöne Markgräflerland in Haltingen.

Schwarzwaldbahn

Regelspur 1435 mm

Kurverwaltung Triberg, Luisenstraße 10, 78098 Triberg / Schwarzwald, Tel. 0 77 22/95 32-30 und 95 32-31, Fax 0 77 22/95 32-36

Betriebstage

Ostersonntag, Himmelfahrt, Pfingstsonntag, So Mitte Juni – Mitte Sept. und Anfang Okt., Winterfahrt So nach Weihnachten.

Triebfahrzeuge

Moderne Schienenbusse, aber die Fahrt führt in die Geschichte des Eisenbahnbaus.

Anfahrt

Mit der DB bis Bf Triberg.
Mit dem Auto A 5, Ausfahrt Freiburg-Nord, auf der B 294 nach Osten; A 81, Ausfahrt Villingen-Schwenningen, auf der B 523 und 33 nach Westen.
P am Bf.

Fahrplan

Triberg ab 14.00 Uhr,
meistens zusätzliche Fahrt um 10.00 Uhr.

Fahrpreise

Triberg – St. Georgen – Triberg – Hornberg – Triberg DM 20,–, Kinder 4–11 Jahre DM 10,–.
Karten nur im Vorverkauf bei der Kurverwaltung.

Tourist-Information

Kurverwaltung Triberg, Luisenstraße 10, 78098 Triberg, Tel. 0 77 22/95 32-30 und 95 32-31, Fax 0 77 22/95 32-36.

Die Schwarzwaldbahn verbindet Offenburg mit dem Bodensee. Die schönste Teilstrecke liegt zwischen Hornberg und St. Georgen. Der badische Ingenieur Robert Gerwig löste das Problem des Höhenunterschieds von 670 m durch Tunnel und Doppelschleifen, verzichtete auf Spitzkehren und Brücken und erhielt so die Schönheit der Natur. Mit insgesamt 39 Tunneln und einem Viadukt wurde 1873 eine der tunnelreichsten und brückenärmsten Bergbahnen der Welt dem Verkehr übergeben. Die Schwarzwaldbahn war das meisterhafte Beispiel für viele Gebirgsbahnen in aller Welt und wird als „Mutter aller Gebirgsbahnen“ bezeichnet.

Auf unserer Teilstrecke durchfahren wir 36 Tunnel, der längste ist der Sommerautunnel mit 1698,05 m, und überwinden den Höhenunterschied von 448 m zwischen Hornberg und dem höchsten Punkt der Schwarzwaldbahn bei St. Georgen; die Entfernung Hornberg – St. Georgen beträgt 27 km. Atemberaubende Blicke auf die Berge und in die Täler tun sich auf. Langsamfahrten ermöglichen es den Fotofreunden, ihrem Hobby zu frönen. Die sachkundige Zugbegleitung gibt uns auf der dreistündigen Fahrt gern Auskunft auf alle Fragen.

Den Erwachsenen wird ein Tunnelschnäpsle ausgeschenkt, für die Kinder gibt es eine Überraschung. Ein Bewirtungsservice sorgt während der Fahrt für das leibliche Wohl.

Ein historisches Bild der Schwarzwaldbahn.

16 Rebenbummler am Kaiserstuhl

Regelspur 1435 mm

EFB Eisenbahnfreunde Breisgau e.V., Moltkestraße 10,
79312 Emmendingen, Tel. und Fax 0 76 41/57 39 18

Betriebstage

Jedes 3. Wochenende Mai – Juli, Sept., Okt.
Sonderfahrten und
Dampfzug-Erlebnisfahrten.

Triebfahrzeuge

Dampflok 384 (D h2t, Typ Essen,
Henschel, 1927, von der Kaiserstuhlbahn),
Dieseltriebwagen T 21
(Linke-Hoffmann-Busch, 1930).

Fahrplan

Riegel ab 10.15, Breisach an 11.35;
Breisach ab 16.25, Riegel an 17.40.

Anfahrt

Mit der DB bis Bf Riegel.
Mit dem Auto auf der A 5, Ausfahrt Riegel.
P am Bf.

Fahrpreise

Rf DM 25,–, Kinder 4 – 12 Jahre DM 15,–.
Fahrradtransport kostenlos.

Tourist-Information

Städtisches Verkehrsamt, 79206 Breisach,
Tel. 0 76 67/8 32 27 und 94 01 55,
Fax 0 76 67/94 01 58.

Dank der Zuschüsse der Weinbaugemeinden und der Riegeler Brauerei konnten 1894 die ersten Teilstrecken der Kaiserstuhlbahn dem Betrieb übergeben werden. Heute verkehren auf den Gleisanlagen die modernen Züge der SWEG Südwestdeutsche Verkehrs AG. Längst sind die alten Loks und Wagen ausgemustert. 1973 standen die Dampflok 384, die Wagen aus den Jahren 1904 bis 1912, auch der Riegeler Bierwagen von 1928 vor der Verschrottung. Der 1949 gegründete Eisenbahn-Modell-Club Freiburg rettete den Zug und nahm den Museumsbetrieb auf, und seit 1978 fährt der Rebenbummler, ein Originalzug auf seiner ursprünglichen Strecke rund um den Kaiserstuhl. Andere Fahrten gehen nach Gottenheim im Süden oder von Freiburg aus.

Wir fahren heute von Riegel nach Breisach. Nach 2 km halten wir in Riegel-Ort und sehen links über den Häusern den St. Michaelsberg, wo ein Müller-Thurgau wächst, den wir im Barwagen bestellen – schließlich heißt unser Zug: „Rebenbummler". Wir dampfen nach Endingen. Jetzt ist es Zeit für das „Rebenbummlertröpfle", einen trockenen Müller-Thurgau der Lage Endinger Vulkanfelsen. Bis nach Breisach halten wir nicht mehr, bummeln mit etwa 40 km/h am Kaiserstuhl vorbei, der sich links erhebt. Wir passieren Königschaffhausen und nehmen einen Silvaner vom Königschaffhauser Vulkanfelsen zu uns. Bei Sasbach – trockener Spätburgunder – rollen wir nun gegen Süden, kommen an Jechtingen – Weißer Burgunder – vorbei, sehen an den Hängen des Kaiserstuhls den Ort Bischoffingen – Grauburgunder Kabinett – und rechts Burkheim – Spätburgunder. Der Zug fährt eine kleine Schleife Richtung Oberrotweil, wo sich ein Weißherbst empfiehlt, und als letzter Ort an der Strecke und auf der Getränkekarte, auf der auch Riegeler Biere und alle Arten alkoholfreier Getränke angeboten werden, erscheint Achkarren mit seinem Achkarrer Ruländer.

Nach 26 km kommen wir in Breisach an. Wie wär's nun mit einem Stadtbummel? Oder zu ermäßigtem Preis eine Rheintour mit den Breisacher Fahrgastschiffen „Weinland Baden" oder „Schloss Munzingen"?

Der Rebenbummler in den Weinbergen am Kaiserstuhl.

17 Zollernbahn

Regelspur 1435 mm

EFZ Eisenbahnfreunde Zollernbahn e.V., Postfach 11 27, 72001 Tübingen, Tel. 0 70 71/7 67 44, Fax 0 70 71/7 67 49

Betriebstage

Termine im Aug. für Tübingen – Hechingen; verschiedene Termine Juni – Sept. für Hechingen – Kleinengstingen, Plochingen – Dettingen, Etzwilen – Konstanz – Romanshorn; weitere Fahrten, Nikolausfahrten, Strecken und Termine, die immer nur kurzfristig festgelegt werden, bitte bei EFZ erfragen.

Triebfahrzeuge

01 519 (2'C1' h2, Henschel, 1936), 50 245 (1'E h2, Krauss-Maffei, 1939), 44 1616 (1'E h3, Krenau, 1942), 52 7596 (1'E h2, Wiener, 1944), 52 8055 (1'E h2, Grafenstaden, 1943), 64 289 (1'C1' h2t, Krupp, 1934), verschiedene Rangierloks.

Eisenbahnfeste

Tag der offenen Tür im Bw Tübingen zu Ostern.

Anfahrt

Die Fahrten mit der Zollernbahn haben verschiedene Ausgangsorte. P an jedem Bf.

Fahrpreise

Ef Tübingen – Hechingen etwa DM 20,–, Rf etwa DM 36,–; Kinder 4 – 14 Jahre zahlen die Hälfte. Genauere Angaben bitte bei EFZ erfragen. Fahrräder und Hunde werden kostenlos befördert.

Tourist-Information

An der Neckarbrücke, 72072 Tübingen, Tel. 0 70 71/9 13 60.

1973 gegründet, konnten die Eisenbahnfreunde Zollernbahn 1998 das 25jährige Jubiläum mit einem großen Dampflokfestival feiern. In der ersten Zeit wurden mit den letzten Dampfloks der Bundesbahn Sonderfahrten veranstaltet. 1974 finanzierte ein Vereinsmitglied den Erwerb und die betriebsfähige Aufarbeitung der ausgemusterten 64 289. Im Jahr darauf kam ein Halbspeisewagen von der Bundesbahn hinzu. Heute stehen sechs Dampfloks, fünf Rangierloks und über 50 Personen- und Güterwaggons (2achsige Personenwagen von 1915 bis 1929, 4achsige Personenwagen von 1929 bis 1940 und 4achsige Pack-, Schlaf- und Speisewagen) für den Betrieb zur Verfügung.

Die erste und älteste EFZ-Lok auf der Strecke Gammertingen – Sigmaringen.

Vom Frühjahr über den Sommer bis Anfang Januar befährt die EFZ die schönsten Strecken zwischen Neckar und Bodensee. Auf den Schienen der Hohenzollerischen Landesbahn AG (HzL) geht es auf die Schwäbische Alb, auf der Mittelthurgaubahn fahren wir am Oberrhein und am Bodensee entlang, und reizvoll sind auch die Fahrten auf der Schwarzwald- und der Ammertalbahn. Sonderfahrten können auf allen Strecken der DB unternommen werden – mit einem altertümlichen Bummelzug oder einem historischen Eilzug. Die Züge sind bewirtschaftet. Bei Sonderfahrten können komplette Menüs mitgebucht werden.

Tälesbahn und Strohgäubahn

Regelspur 1435 mm

GES Gesellschaft zur Erhaltung von Schienenfahrzeugen e.V., Postfach 71 01 16, 70607 Stuttgart, Tel. 0 71 27/3 34 45, Fax 0 71 27/36 89

Betriebstage

Sofazügle: Mai – Okt. jeden 3. So, So Mitte Dez.
Feuriger Elias: 1. Mai, Pfingstsonntag, bestimmte So Mai – Sept., Nikolausfahrten.
Genaue Termine bitte erfragen.

Eisenbahnfeste

Am 3. So im Mai wird mit Zwei-Zug-Betrieb und Rahmenprogramm das Neuffener Bahnfest gefeiert. Busse fahren von hier zum Freilichtmuseum Beuren und zum Hohenneuffen.

Fahrplan

Sofazügle (Tälesbahn):
Nürtingen ab 9.25, 11.05, 12.25, 15.05, 17.05;
Neuffen an jeweils 30 Minuten später;
Neuffen ab 10.10, 11.45, 14.15, 16.15, 18.15;
Nürtingen an jeweils 30 Minuten später.
Feuriger Elias (Strohgäubahn):
Korntal ab 9.05, 12.05, 15.35;
Weissach an jeweils 60 Minuten später;
Weissach ab 10.45, 14.20, 17.20;
Korntal an jeweils 60 Minuten später.
Anschlußzüge S 6 zum Hbf Stuttgart.

Fahrpreise

Sofazügle: Ef DM 7,–, Rf DM 11,–,
Kinder 4 – 15 Jahre zahlen die Häfte.
Feuriger Elias: Ef DM 12,–, Rf DM 18,–,
Kinder 4 – 15 Jahre zahlen die Hälfte.
Fahrradtransport ist kostenlos.

Triebfahrzeuge

Dampflokomotive GES 6 (B n2t, Smoschewer, Breslau, 1920, von den Hüttenwerken Laucherthal, Sigmaringen), GES 11 (D h2t, Esslingen, 1941, von der Hohenzollerischen Landesbahn), GES 16 (D h2t, 92 442, preuß. T 13, AEG, 1928, von der Oldenburger Eisenbahn über die DR und die Hohenzollerische Landesbahn), 50 3636 (1'E h2, Orenstein & Koppel, 1941, Umbau durch die DR der DDR), in Aufarbeitung GES 930 (württ. T 3, C n2t, Heilbronn, 1905).

Anfahrt

Sofazügle: Mit der DB bis Nürtingen.
Mit dem Auto auf der A 8, Ausfahrt Kirchheim (Teck)-West.
Feuriger Elias: Mit der DB bis Stuttgart Hbf, mit der S 6 nach Korntal.
Mit dem Auto auf der A 81, Ausfahrt Zuffenhausen. P an den Bahnhöfen.

Tourist-Information

Stadt Nürtingen, 72601 Nürtingen,
Tel. 0 70 22/7 53 81, Fax 0 70 22/7 53 80;
Bürgermeisteramt, 72639 Neuffen,
Tel. 0 70 25/10 60, Fax 0 70 25/50 07.

Die GES, 1965 gegründet, führt die Fahrten mit den Museumszügen in Zusammenarbeit mit der WEG Württembergische Eisenbahngesellschaft mbH und den Eisenbahnbetrieben Mittlerer Neckar GmbH durch. Die GES hilft bei der Errichtung des Württembergischen Privatbahn-Museums in Nürtingen und unterstützt den Förderverein Königl. Württ. Staatseisenbahn – Eisenbahnmuseum Kornwestheim. So können demnächst die Fahrten mit dem „Sofazügle“ und dem „Feurigen Elias“ mit dem Besuch von Eisenbahnmuseen verbunden werden – wenn die Spendenfreudigkeit der Eisenbahnfreunde anhält.

18

In den Museen sollen auch die betriebsfähigen Fahrzeuge gewartet werden. Neben den Loks gehören Plattformwagen, Gepäck- und Güterwagen aus den Jahren 1899–1905 zum rollenden Material der GES, die im Südosten von Stuttgart auf der Tälesbahn und im Nordosten auf der Strohgäubahn zum Einsatz kommen.
Das „Sofazügle“, dessen Name schon auf altertümliche Beschaulichkeit verweist, verkehrt auf der Nebenbahnstrecke, die in Nürtingen von der Neckarbahn Stuttgart – Tübingen abzweigt, und wurde 1900 als erste Bahnlinie der Württembergischen Eisenbahngesellschaft dem Verkehr übergeben. Weil die Schienen durch das Neuffener Tal führen, wird die 9 km lange Bahnlinie Tälesbahn genannt. Sie hat vier Bahnhöfe und drei Haltepunkte: Nach Nürtingen folgt Vorstadt, der Ortsteil Roßdorf, Frickenhausen, die dortige Kelterstraße, Linsenhofen, und Endbahnhof ist Neuffen. Im Zug können wir Getränke und kleine Speisen zu uns nehmen, um für Wanderungen oder Radtouren fit zu sein. Wandervorschläge erhalten wir im Zug – so zur Burgruine Hohenneuffen oder zum Freilichtmuseum Beuren. An machen Tagen haben wir auch Busanschluß zu den Ausflugszielen.
Der „Feurige Elias“, dessen biblischer Namenspatron mit einem Feuerwagen durch die Lüfte fuhr, bleibt brav auf den Schienen, die 1906 als Württembergische Nebenbahn dem Verkehr übergeben wurden. Ursprünglich sollte die Bahn das Strohgäu durchqueren und bis nach Pforzheim führen. Aber in Weissach ist Endstation, nachdem unser Zug in Münchingen, Schwieberdingen, Hemmingen und Heimerdingen Halt gemacht hat. Im Buffetwagen gibt es warmen Leberkäs, heiße Rote, Butterbrezeln und Getränke aller Art; in der Festhalle am Bahnhof Weissach tischen die örtlichen Vereine Mittagessen auf, Kaffee und Kuchen. Gestärkt begeben wir uns auf eine Wanderung, eine Tafel am Bahnhof weist uns die Wege.

Die Lok 16 der Täles- und Strohgäubahn.

Öchsle Schmalspurbahn

Schmalspur 750 mm

Öchsle Schmalspurbahn e.V., Am Bahnhof 1, 88416 Ochsenhausen, Tel. 0 73 52/22 03, Fax 0 73 52/38 66; Buchungen, Programmauskünfte: Verkehrsamt (siehe unten)

Betriebstage

1. Mai – 3. So im Okt. jeden Sa, So und Feiertag; an bestimmten Tagen auch am Mi; Nikolausfahrten Anfang Dez. Genaue Termine bitte erfragen.

Triebfahrzeuge

Dampfloks 99 716 (1927) und 99 7843 (1898), Diesellok VT 137 343 (Simmering, 1940).

Fahrplan

Ochsenhausen ab Sa 13.45, 16.45;
So 9.45, 13.45, 16.45;
Mi 10.10, 15.30;
am Nikolaustag 14.00, 17.00;
Warthausen ab Sa 15.05, 18.05;
So 11.05, 15.05, 18.05;
Mi 11.30, 16.50.
Die Fahrtzeit beträgt jeweils etwa 65 Minuten.

Anfahrt

Mit dem Auto auf der A 7, Ausfahrt Berkheim. P am Bf.

Fahrpreise

Ef DM 12,–, Rf DM 18,–, Kinder 4 – 14 Jahre zahlen die Hälfte. Fahrradtransport ist möglich.

Tourist-Information

Verkehrsamt, Marktplatz, 88416 Ochsenhausen, Tel. 0 73 52/22 03, Fax 0 73 52/38 66.

Bei dem Wort „Öchsle“ denken wir hier nicht an den Wein, sondern an die starke Lok, die unseren Museumszug aus dem Bf Ochsenhausen zieht. Die Strecke, 1899 eröffnet, ist längst stillgelegt worden. Seit 1966 dient sie dem Verein zur Erhaltung der Eisenbahn Warthausen – Ochsenhausen als Öchsle Museums-Schmalspurbahn, und wir haben das Glück, schwäbische Eisenbahnromantik erleben zu dürfen. Unser Zug ist bewirtschaftet, kleine schwäbische Leckereien und Getränke aller Art gibt es für unterwegs.

Nach dem Halt in Reinstetten verlassen wir das Tal der Rottum, fahren durch die schöne Hügellandschaft, machen Station in Maselheim, kommen nach Äpfingen und nach insgesamt 19 km in den Endbahnhof von Warthausen.

20

Albbähnle und Lokalbahn Amstetten

Regelspur 1435 mm / Schmalspur 1000 mm

UEF Ulmer Eisenbahnfreunde e.V.,
Waldstraße 11, 89284 Pfaffenhofen, Tel. und Fax 0 73 02/63 06

1906 wurde die Nebenbahnlinie nach Gerstetten eröffnet, 1996 wurde sie eingestellt. Die anliegenden Gemeinden und die Ulmer Eisenbahnfreunde (siehe auch Albtalbahn, Nr. 26) schlossen sich zusammen, um den Abbau der Strecke zu verhindern; diese übernahmen den Schienenstrang und seine Wartung, jene die Grundstücke und Bahngebäude. Für die Erhaltung der Lokalbahn sind der Güterverkehr und der Museumsbetrieb notwendig – und die „Paten für die Bahn", die für jeweils 50 DM die Patenschaft für 1 m Gleis übernehmen und für je 100 DM zusätzliche numerierte Fahrkarten erhalten.
Amstetten, Ausgangsort der Museumsfahrten, liegt an der Geislinger Steige, der steilsten Schnellzugstrecke mit Schubverkehr. Heute wollen wir nach Gerstetten fahren, und da geht es genauso steil bergauf, 1 m Steigung auf 40 m. Unsere tüchtige Lok, die letzte ihrer Baureihe, die 1966 aus dem Dienst der DB gezogen wurde, dampft die lange Steigung hinauf und erreicht als erste Station Stubersheim. Über Schalkstetten, Waldhausen und Gussenstadt erreichen wir mit dem Zug, in dem sich ein Restaurationswagen befindet, nach 20 km Gerstetten.

Betriebstage

Am 1. Mai und jeweils 2. So bis Okt. abwechselnd bis Gerstetten oder Oppingen. Genaue Termine auf Anfrage.

Eisenbahnfeste

Im Aug. wird das Fest „Eisenbahndreieck Schwäbische Alb“ in Amstetten, im Sept. das Bahnhofsfest in Gerstetten gefeiert.

Fahrplan

Nach Gerstetten dreimal an den Betriebstagen, nach Oppingen fünfmal.

Fahrpreise

Nach Gerstetten Ef DM 10,–, Rf DM 16,–, Kinder 4 – 15 Jahre Ef DM 5,–, Rf DM 7,50. Nach Oppingen Ef DM 5,–, Rf DM 8,–, Kinder 4 – 15 Jahre DM 3,–/4,–. Fahrräder können im Zug transportiert werden.

Triebfahrzeuge

Lokalbahn: 75 1118 (bad. VI c, 1'c1'h2, 1921); Albbähnle: 99 7203 (C n2, Borsig, 1904).

Anfahrt

Mit der DB bis Bf Amstetten. Mit dem Auto A 8 Ulm – Stuttgart, Ausfahrt Merklingen. P am Bf Amstetten.

Tourist-Information

Bürgermeisteramt 73340 Amstetten, Tel. 0 73 31/30 06-0, Fax 0 73 31/30 06-90; Bürgermeisteramt 89547 Gerstetten, Tel. 0 73 23/84-0, Fax 0 73 23/84-18.

Von Amstetten in die andere Richtung, nach Südwest, führt die Schmalspurbahn nach Oppingen. Hier zieht die kleine, aber starke Lok den Zug mit den alten Personenwagen die 5,7 km lange Strecke auf die Höhe. Diese Lok aus dem Jahr 1904 war bis 1964 im Odenwald von Mosbach nach Mudau im Dienst, wo ihre Schwester 99 702 im Bahnhof als Museumslok zu sehen ist.

Der Zug der Lokalbahn bei Stubersheim.

21

Härtsfeld-Museumsbahn

Schmalspur 1000 mm

Härtsfeld-Museumsbahn e.V. (HMB),
Postfach 91 26, 73416 Aalen, Tel. und Fax 0 73 61/8 75 87;
HMB-Betriebsgelände, Dischinger Straße 11,
73450 Neresheim, Tel. 0 73 26/57 55 (Mi abends, Sa)

Betriebstage

Das Härtsfeldbahn-Museum ist jeden 1. und 3. So im Monat 14.00 – 18.00 Uhr geöffnet.

Eisenbahnfeste

Tag der offenen Lokschuppentür an Christi Himmelfahrt. Bahnhofshocketse am 2. Aug.-Wochenende.

Fahrplan

Fahrbetriebs-Eröffnung im Jahr 2000, bitte dann Auskunft einholen. Fahrradtransport wird möglich sein, ein Wagen ist dafür schon ausgestattet.

Triebfahrzeuge

Dampflok 11 und 12 (B h2t, Esslingen, 1913), Triebwagen T 33 (Wismar, 1934) und T 37 (MAN, 1960).

Anfahrt

Mit der DB bis Aalen, dann mit dem Bus bis Neresheim Post. Mit dem Auto A 7 Würzburg – Ulm, Ausfahrt von Norden Aalen/Oberkochen, von Süden Heidenheim. P an der Centralstation, östliches Ortsende.

Tourist-Information

Fremdenverkehrsamt, Hauptstraße 21, 73450 Neresheim, Tel. 0 73 26/81 49, Fax 0 73 26/81 46.

1901 wurde die Härtsfeldbahn zwischen Aalen und Ballmertshofen in Betrieb genommen, fünf Jahre später wurde die Strecke über die Schwäbische Alb bis Dillingen an der Donau verlängert. 1972 wurde der Betrieb eingestellt. Seit 1985 existiert der Härtsfeld-Museumsbahn-Verein. Er errichtete im alten Bahnhof von Neresheim ein Museum, sammelt Schmalspurfahrzeuge und arbeitet sie betriebsfähig auf. Neben den Loks und Triebwagen gibt es schon eine Vielzahl Waggons und sonstiger Fahrzeuge, die noch auf den Gleisen stehen und auf den Fahrbetrieb warten. Der Wiederaufbau der Strecke erfolgt in drei Abschnitten – Neresheim – Sägmühle (etwa 3 km), Sägmühle – Katzenstein (etwa 3 km) und Katzenstein – Dischingen (etwa 2 km). Wer dabei helfen will, erwirbt Gleisbausteine für 50 DM pro Meter und erhält dafür auch eine dekorative Urkunde.

Dampflok 12 an der Centralstation unterhalb des Klosters Neresheim.

Dampfbahn Kochertal und Wieslauftal-Express

Regelspur 1435 mm

DBK Dampfbahn Kochertal e.V., Am Westbahnhof,
74405 Gaildorf, Tel. 0 79 71/91 13 33, Fax 0 79 71/91 13 34

Betriebstage

Kochertal-Express: 1. Mai, Christi Himmelfahrt, letzter Juni-So, So Mitte Sept., So Mitte Okt. (Teddybär-Express), Nikolaus-Wochenende.
Wieslauftal-Express: Ostern, Pfingsten, vorletzter So im Juni, vorletzter So im Okt. (Teddybär-Express), 1. Advent-Wochenende (Nikolausfahrten).

Eisenbahnfeste

Kochertal-Express: So Mitte Sept. wird das Bahnhofsfest in Sulzbach/Kocher gefeiert, es verkehren zusätzliche Züge.
Wieslauftal-Express: Zu Pfingsten wird in Rudersberg das Bahnhofsfest veranstaltet.

Fahrplan

Kochertal-Express:
Gaildorf West ab 10.00, 13.20, 16.00;
Untergröningen an 10.54, 14.14, 16.54;
Untergröningen ab 11.15, 14.35, 17.15;
Gaildorf West an 12.20, 15.40, 18.28;
Bedarfshalt auf allen Stationen.
Wieslauftal-Express:
Schorndorf ab 9.15, 11.15, 13.15, 15.15, 17,15;
Rudersberg an 9.43, 11.43, 13.43, 15.43, 17.43;
Rudersberg ab 10.15, 12.15, 14.15, 16.15, 18.15;
Schorndorf an 10.43, 12.43, 14.43, 16.43, 18.43.
Der jeweils erste und letzte Zug verkehrt nicht am ersten Advent.

Fahrpreise

Kochertal-Express: Ef DM 10,–, Rf DM 16,–.
Wieslauftal-Express: Ef DM 6,–, Rf DM 10,–.
Kinder von 4 bis 14 Jahren zahlen jeweils die Hälfte.
Fahrradtransport ist in beiden Zügen kostenlos.

Triebfahrzeuge

Dampflok 64 419 (1'C1' h2, 1937) ist die wichtigste im Fahrdienst, 52 8077 (1'E h2, 1943) ist betriebsfähig abgestellt, 50 3545 (1'E h2, 1942, DR-Umbau der DDR) ist im Dienst einer anderen Museumsbahn, 80 106 (C n2t, 1952) ist in Aufarbeitung, Lok 3 (D n2t, 1949) ist betriebsfähig abgestellt. 2 Dieselloks (V 36 510, C, 1953, und Kö 0186, B, 1935) sind betriebsfähig.

Anfahrt

Kochertal-Express: Mit der DB bis Bf Gaildorf West.
Mit dem Auto auf der A 6, Ausfahrt Kupferzell, auf der B 19 nach Gaildorf; A 7, Ausfahrt Aalen, B 19 nach Gaildorf. P am Bahnhof.
Wieslauftal-Express: Mit der DB bis Stuttgart Hbf, weiter mit der S 2 nach Schorndorf.
Mit dem Auto auf einer A bis Stuttgart, dann auf der B 29 Richtung Waiblingen-Schorndorf.
P am Bf.

Tourist-Information

Kochertal-Express: Stadtverwaltung, Postfach 150, 74402 Gaildorf, Tel. 0 79 71/25 31 44;
Ortschaftsverwaltung, 73453 Abtsgmünd-Untergröningen, Tel. 0 79 75/9 57 10
Wieslauftal-Express: Bürgermeisteramt, Rathaus, Marktplatz 1, 73614 Schorndorf, Tel. 0 71 81/6 02-0, Fax 0 71 81/6 02-190.

Die DBK veranstaltet in Zusammenarbeit mit der WEG Württembergische Eisenbahngesellschaft m.b.H. Waiblingen auf den WEG-Strecken ihre Dampfzugfahrten. Sonderfahrten werden im Pendelverkehr zwischen Crailsheim und Bad Mergentheim, Bietigheim und Heilbronn, Backnang und Untergröningen sowie von Gaildorf nach Friedrichshafen oder Rüdesheim durchgeführt; Informationen dazu erteilt die DBK gern. Alle Züge sind bewirtschaftet. Im Speisewagen gibt es Saitenwürste, Leberkäswecken, Maultaschen, Kaffee und kalte Getränke ohne Alkohol, Wein und Dampfbier in traditionellen Bügelflaschen.

Kochertal-Express

Die WEG-Strecke von Gaildorf West über Sulzbach nach Untergröningen wurde 1903 in Betrieb genommen. Unser Museumszug macht bei Bedarf auch Halt in Gaildorf Stadt, Unterrot, Schönberg, Bröckingen, Altschmiedelfeld, Laufen und Wengen. Wir fahren dem Flußlauf der Kocher entlang, die wir auf zwei großen Gitterbrücken überqueren. Zwischen Sulzbach und Laufen fährt der Zug einen weiten Bogen um den Heerberg, auf dem wir die um 1400 erbaute Kirche sehen. Nach 18,5 km haben wir Untergröningen erreicht. Die schöne Landschaft lädt zum Wandern ein – per Pedes oder mit Pedalen.

Wieslauftal-Express

1908 wurde die Wieslauftalbahn dem Verkehr übergeben. Sie erschließt, von der Strecke Stuttgart – Aalen abzweigend, den Schwäbischen Wald. Seit 1995 hat ein Zweckverband die Strecke übernommen, auf der die WEG mit modernen Dieseltriebwagen den Personenverkehr betreibt. An den Betriebstagen der DBK fühlen sich die Fahrgäste in die Zeit der Württembergischen Staatseisenbahn zurückversetzt.

Der Zug erreicht nach der Abfahrt bald die Rems, die auf einer 30 m langen Gitterbrücke überquert wird. Bei Haubersbronn gelangt unser Zug ins Wieslauftal, und mit Erstaunen sehen wir, das alle Bahnhöfe an den Haltestellen Miedelsbach/Steinenberg, Michelau und Schlechtbach zum Verwechseln ähnlich sind. Sie sind baugleich errichtet worden. Bei Schlechtbach überqueren wir den Fluß auf einer Stahlbrücke und kommen nach 10 km in Rudersberg an.

Wenn die Bürgerinitiative „Wieslauftalbahn bis Welzheim“, auch unterstützt von der DBK, Erfolg hat, werden die Züge künftig die Bergstrecke mit ihren drei Viadukten und den Steigungsrampen bis Welzheim befahren.

Die Lok des Kochertal- und Wieslauftal-Express.

Jagsttalbahn

Schmalspur 750 mm

**Jagsttalbahnfreunde e.V., Marktplatz 2, 74677 Dörzbach,
Tel. 0 79 37/91 19 11 oder 0 72 63/6 47 37**

23

Die Eisenbahner sanieren den Bahnhof in Dörzbach und eine Teilstrecke der ehemaligen Jagstalbahn, um demnächst bis Widdern fahren zu können.

Killesberg-Kleinbahn, Stuttgart

Schmalspur 381 mm (15 Zoll)

**Freunde und Förderer der Killesberg Kleinbahn e.V.,
c/o Messe Stuttgart International, Abt. Kleinbahn, Am Kochenhof 16,
70192 Stuttgart, Tel. 07 11/25 89-255 oder -584, Fax 07 11/25 89-305**

24

Betriebstage	Triebfahrzeuge
Mitte April – Mitte Okt., 13 – 18 Uhr; Mi, So, Feiertage ab 10 Uhr, in den Sommerferien täglich ab 10 Uhr. Dampfbetrieb an Wochenenden und Feiertagen. Bei schlechtem Wetter kein Betrieb.	Dampfloks „Tazzelwurm“ und „Springerle“ (2'C1', Nachbau, Maffei, 1950), Dieselloks „Blitzschwoab“ (Gmeinder, 1950) und „Schwabenpfeil“ (Diema, Diepholz, 1992).

Fahrplan

Halbstündlich Kleinbahn-Bf ab.

Fahrpreise

DM 4,–, Kinder ab 3 Jahre zahlen die Hälfte.

Anfahrt

Mit der DB bis Stuttgart Hbf, weiter mit U 7 zur Messe. Mit dem Auto nach Stuttgart, hier Richtung „Messe“. P am Messegelände.

Tourist-Information

i-Punkt, Königstraße 1 A, 70173 Stuttgart, Tel. 07 11/2 22 82 40, Fax 07 11/2 22 82 53.

Anläßlich der Reichsgartenschau 1939 dampfte zum ersten Mal die Kleinbahn auf dem Killesberg. Die zwei Dampfloks waren aus Leipzig geliehen, sie zogen die Personenwagen, in denen heute noch die Fahrgäste sitzen. Die 14 überdachten Wagen mit je 16 Sitzplätzen waren 1937/1938 von der Waggonfabrik Görlitz gebaut worden. Vom zweiten Kriegsjahr 1940 bis 1950 war der Fahrbetrieb auf dem Killesberg eingestellt; die Loks waren nach Leipzig zurückgegeben worden – und sind heute noch bei der Parkeisenbahn Auensee in Betrieb (siehe Nr. 72).

1950 fuhr die Killesberg-Kleinbahn auf ihrem 2294 m langen Rundkurs wieder. 1994, zwei Jahre nach der Internationalen Gartenbau-Ausstellung, sollte der Betrieb wieder eingestellt werden; Museumseisenbahnen aus England wollten die Loks kaufen. Aber in diesem Jahr wurde der Förderverein gegründet, und die Anlage der Kleinbahn wurde als technisch-historische Besonderheit zum Kulturdenkmal erklärt.

25

Stuttgarter Historische Straßenbahnen

Straßenbahn-Spurweite 1000 mm

SHB Stuttgarter Historische Straßenbahnen e.V.,
Straßenbahnmuseum Zuffenhausen, Strohgäustraße 1,
70435 Stuttgart, Tel. 07 11/82 22 10, Fax 07 11/8 26 64 90

Betriebstage

Öffnungszeiten des Museums:
am 2. So eines Monats 13 – 17 Uhr,
am letzten Sa eines Monats 13 – 18 Uhr.
Oldtimer-Rundlinie: Nur am Öffnungs-Sonntag.
Oldtimerlinie 23: Nur am Öffnungs-Samstag.
Ende Juli Sommernachtsfahrt.

Straßenbahnfest

Im Sept. im Museum mit Sonderveranstaltung (Kunstausstellung). Genaueres bitte erfragen.

Fahrplan

Bitte bei den SHB erfragen.

Fahrpreise

Ef DM 4,–, Kombikarte Rf Linie 23 und Eintritt ins Museum DM 9,–, Museum DM 3,–, Kinder zahlen die Hälfte.

Triebfahrzeuge

5 fahrbereite Oldtimer-Straßenbahnzüge ab Bj. 1925, 1 Gelenkomnibus EZ, 1974.

Anfahrt

Mit der DB bis Stuttgart Hbf, mit der Straßenbahnlinie 15 bis Salzwiesenstraße. Mit dem Auto auf der A 81, Ausfahrt Stuttgart-Zuffenhausen. P am Museum.

Tourist-Information

i-Punkt, Königstraße 1 A, 70173 Stuttgart, Tel. 07 11/22 28-240, Fax 07 11/22 28-253.

Stuttgarts Geschichte ist eng verknüpft mit der Historie des Kraftverkehrs. Stuttgarts erste Eisenbahn fuhr 1845 auf der Strecke Cannstatt – Untertürkheim. Als erste deutsche Stadt erhielt Stuttgart 1862 die Genehmigung für eine Straßenbahn; noch zogen Pferde die Wagen auf den eisernen Bahnen inmitten der Straßen. Wesentlich an der Entwicklung der Straßenbahnen war auch die Maschinenfabrik Esslingen beteiligt, eine Lokomotivfabrik.

Mit der Oldtimer-Straßenbahn durch Stuttgart.

Im Museum gibt es mehr als 50 historische Fahrzeuge und viele andere Exponate zur Straßenbahngeschichte zu sehen, auch eine Modellanlage erfreut sich großen Interesses. Das SHB-Museum befindet sich im Betriebshof Zuffenhausen. Es wurde 1989, zwei Jahre nach der Gründung des Vereins, eröffnet. Die Fahrten von hier zur Stadtmitte und die Rundlinie sind nicht nur für Stuttgarter ein besonderes Erlebnis.

Albtalbahn

Regelspur 1435 mm

UEF Ulmer Eisenbahnfreunde e.V., Arbeitsgruppe Karlsruhe,
Tullastraße 30, 76344 Eggenstein-Leopoldshafen,
Tel. 0 72 47/2 12 30, Fax 0 72 47/2 25 74

Betriebstage

1. Mai, letzter Mai-Sonntag, letztes Juni-Wochenende, letzter Juli-Sonntag, letzter Aug.-Sonntag, letztes Sept.-Wochenende, letzter Okt.-Sonntag, Nikolausfahrten mit Kinderbescherung im Dampfzug.

Fahrpreise

Ef DM 6,–, Kinder 6 – 14 Jahre DM 3,–. Fahrradtransport ist kostenlos.

Triebfahrzeuge

Dampflok 58 311 (bad. G 12, 1'E h3, 1921, von der DR der DDR) und 50 2740 (1'E h2, 1942).

Eisenbahnfeste

Das Bahnhofsfest findet am letzten Juni-Wochenende in Bad Herrenalb statt.

Anfahrt

Mit der DB bis Karlsruhe Hbf, weiter mit der S 1 nach Ettlingen. Mit dem Auto auf der A 5, Ausfahrt Ettlingen.

Fahrplan

Ettlingen-Stadt ab So 10.40, Sa/So 13.40;
Bad Herrenalb an So 11.20, Sa/So 14.20;
Bad Herrenalb ab So 12.36, Sa/So 16.15;
Ettlingen-Stadt an So 13.09, Sa/So 16.47.

Tourist-Information

Stadtinformation, 76275 Ettlingen, Tel. 0 72 43/1 01-221, Fax 0 72 43/1 01-430; Kur- und Tourismusbüro 76332 Bad Herrenalb, Tel. 0 70 83/50 05-55, Fax 0 70 83/50 05-44.

Die 58 311 vor einem Zug der UEF.

Die Albtalbahn, 1897–1901 als Schmalspurbahn gebaut, wurde 1957 von der AVG Albtal-Verkehrs-Gesellschaft mbH übernommen und auf Normalspur umgebaut. In Zusammenarbeit mit der AVG unternehmen die Ulmer Eisenbahnfreunde die Fahrten auf der Albtalbahn hoch hinauf in den Schwarzwald.

Der Zug aus Eilzugwagen der 30er Jahre ist bewirtschaftet, und wer die Rückfahrt auf dem Radweg unternehmen will, stellt sein Fahrrad in den historischen Packwagen ein. Nach einigen Minuten erreichen wir Waldbronn-Busenbach und sehen hier die alte hölzerne Bahnhofshalle. Die nächsten Stationen heißen Etzenrot, Marxzell; die Strecke steigt weiter an und wir halten in Frauenalb-Schielberg, wo wir die Türme der Klosterruine sehen. Wir fahren am Thermalbad von Bad Herrenalb vorbei (wo wir bei Vorlage unserer Fahrkarte ermäßigten Eintritt bezahlen) und halten in der historischen Bahnhofshalle von Bad Herrenalb, 375 m über NN. Die UEF, die Ulmer Eisenbahnfreunde (siehe Nr. 20), haben noch andere betriebsfähige Maschinen, die bei vielen Sonderfahrten – auch ins Ausland – im Einsatz sind: 01 1066 (2'C1' h3, eine Einheitslokomotive, die zum ersten Mal 1939 gebaut wurde) und 01 509 (2'C1' h2, nach 1961 bei der DR der DDR umgebaut). An den Haken genommen werden Wagen ab dem Bj. 1901.

27 Schloßgartenbahn Karlsruhe

Schmalspur 600 mm

VBK – Verkehrsbetriebe Karlsruhe GmbH,
Tullastraße 71, 76131 Karlsruhe,
Tel. 07 21/61 07-0 und 61 07-5250, Fax 07 21/61 07-5009

Betriebstage

Von Karfreitag bis Allerheiligen jeden Sa, Sonn- und Feiertag. In den Sommerferien täglich. Bei schlechtem Wetter kein Betrieb. Die Dampflok ist nur an Sonn- und Feiertagen im Dienst.

Triebfahrzeuge

Dampflok „Greif" (B n2t, Typ Riesa, Henschel, 1939), Diesellok 60 (B, Gmeinder, 1955, Umbau durch die Verkehrsbetriebe Karlsruhe, 1991).

Fahrplan

13.00 – 18.00 Uhr, an Sonn- und Feiertagen 10.00 – 18.00 Uhr.

Anfahrt

Mit der DB bis Karlsruhe Hbf oder Bf Durlach, weiter mit S- oder Trambahn bis Haltestelle Marktplatz. Mit dem Auto auf der A 5, Ausfahrt Karlsruhe-Durlach, Richtung Stadtmitte/Schloß. P am Marktplatz.

Fahrpreise

DM 3,–, Kinder 2 – 15 Jahre zahlen die Hälfte, Dampfzuschlag DM 1,50, Familienkarte DM 7,–, mit Dampfzuschlag DM 10,–.

Tourist-Information

Stadtinformation, Karl-Friedrich-Straße 22, 76133 Karlsruhe, Tel. 07 21/3 55 30.

Vergnügungsfahrt im Schloßgarten.

Die Schloßgartenbahn Karlsruhe ist eine typische Vergnügungsbahn, dient sie doch nicht der Personenbeförderung von einem Ort zum andern, sondern nur der Freude der kleinen und großen Fahrgäste. An der Rückfront des Schlosses, 1715 erbaut, ab 1749 umgebaut und nach 1945 wiederaufgebaut, steigen wir in einen der offenen Wagen mit je 32 Sitzplätzen. Wir fahren an der Fassade vorbei, über Wiesen, unter Bäumen hindurch, am Teich inmitten des Schloßgartens entlang. Nach 2,54 km kommen wir wieder zur Haltestelle.

Achertalbahn

Regelspur 1435 mm

SWEG Südwestdeutsche Verkehrs AG, Verkehrsbetrieb Ottenhöfen (Achertalbahn), Am Bahnhof 2, 77883 Ottenhöfen,
Tel. 0 78 42/22 31, Fax 0 78 42/15 53,
in Zusammenarbeit mit dem AEV Achertäler Eisenbahnverein e.V.

Betriebstage

So von Mai bis Okt.,
genaue Termine bitte erfragen.

Triebfahrzeuge

Dampflok SWEG-Lok 28 „Badenia“
(C n2t, Borsig, 1900).

Fahrplan

Ottenhöfen ab 9.40, 13.45, 17.00;
Achern an 10.05, 14.12, 17.26;
Achern ab 10.28, 14.40, 17.50;
Ottenhöfen an 11.00, 15.11, 18.15.

Anfahrt

Mit der DB bis Bf Achern.
Mit dem Auto auf der A 5, Ausfahrt Achern.
P am Bf.

Fahrpreise

Ef DM 9,–, Rf DM 13,50,
Kinder 4 – 11 Jahre zahlen die Hälfte.

Tourist-Information

Allerheiligenstraße 2, 77883 Ottenhöfen,
Tel. 0 78 42/8 04-44, Fax 0 78 42/8 04-45;
Achertal-Info: Tel. 0 78 42/1 94 33.

Achern liegt zwischen Baden-Baden und Offenburg, eine Nebenbahnlinie führt von hier das Achertal hinauf in den nördlichen Schwarzwald. Seit 1990 verkehrt auch der Museumszug, dessen Fahrten vom Achertäler Eisenbahnverein und der SWEG veranstaltet werden.

Die „Badenia“ zieht den Zug mit seinen Wagen, die zwischen 1898 und 1928 gebaut wurden, dem Flußlauf entgegen, der links neben den Schienen dem Rhein zustrebt. Hinter Oberachern erhebt sich auf der linken Seite der Bienenbuckel mit seinen Obstbäumen. Die erwachsenen Fahrgäste denken jetzt vielleicht an Schwarzwälder Kirsch- und Zwetschgenwasser. Rebhänge ziehen vorbei. Kappelrodeck/Waldum ist *das* Rotweindorf an der Badischen Weinstraße. Nach etwa 20 Minuten halten wir im Bahnhof Kappelrodeck. Schauen wir nach rechts aus dem Fenster, sehen wir Schloß Rodeck aus dem 13. Jahrhundert. Weiter geht die Fahrt; wir haben den Fluß überquert, kommen an Furschenbach vorbei, sehen einige der Ottenhöfer Mühlen und dampfen nach 11 km in den Endbahnhof ein.

Der Achertäler Museumszug bei Furschenbach.

29 Kuckucksbähnel im Pfälzerwald

Regelspur 1435 mm

Eisenbahnmuseum Neustadt an der Weinstraße,
Schillerstraße, 67434 Neustadt,
Tel. 0 63 21/3 03 90 und 0 63 25/86 26, Fax 0 63 21/3 25 72

Es gibt drei wichtige Gründe, nach Neustadt zu fahren: den Wein, das Eisenbahnmuseum und das Kuckucksbähnel. Das Museum ist eine Einrichtung der DGEG Deutsche Gesellschaft für Eisenbahngeschichte; ein weiteres Museum wird in Bochum-Dahlhausen (siehe Nr. 51) betrieben.
Das Neustädter Museum (geöffnet jeden Sa, So, Feiertag außer 25. Dez. und 1. Jan. 10.00 – 16.00 Uhr), nicht durch den Hbf erreichbar, liegt an der Schillerstraße hinter dem Bahnhof. Auf über 4000 qm um eines der ältesten Eisenbahngebäude Deutsch-

Halt des Kuckucksbähnels.

Betriebstage

Ostersonntag, 3. April-Sonntag, 1. Mai, Himmelfahrt, Pfingsten, alle Mai-Sonntage, So Mitte und Ende Juni – Aug., So Anfang, Mitte und Ende Sept., So Anfang und Mitte Okt., Nikolausfahrten.

Eisenbahnfeste

Im Eisenbahnmuseum zu Pfingsten und Anfang Okt.

Fahrplan

Neustadt ab 10.37, 14.32,
Elmstein an 11.53, 15.47;
Elmstein ab 13.50, 17.10,
Neustadt an 14.58, 18.20
(zum Teil wird die Teilstrecke Neustadt – Lambrecht mit DB-Anschlußzügen bedient).

Fahrpreise

Rf DM 20,–,
Kinder 4 – 16 Jahre zahlen die Hälfte.
Sonderkondition der DB:
bis 100 km Anreiseweg nur Ef nach Neustadt oder Lambrecht, Rückfahrt mit dieser und der Kuckucksbähnel-Fahrkarte.
Fahrradtransport ist im Einzelfall möglich.

Triebfahrzeuge

Dampflok 89 7159 (preuß. T 3, C n2, Henschel, 1910) und die Schlepptenderlok „Speyerbach" (eine umgebaute Industrielok, der T 3 ähnlich, Humboldt, 1904), Diesellok V36 127 (BMAG, 1941).

Anfahrt

Mit der DB bis Neustadt an der Weinstraße Hbf.
Mit dem Auto auf der A 65, Ausfahrt Neustadt-Süd. P am Hbf.

Tourist-Information

Exterstraße 2, 67433 Neustadt/Weinstraße,
Tel. 0 63 21/92 68 92, Fax 0 63 21/92 68 91;
Verkehrsamt, Bahnhofstraße 14,
67471 Elmstein, Tel. 0 63 28/2 34.

lands, dem Lokomotivschuppen der Pfälzischen Ludwigsbahn, haben über 30 historische Fahrzeuge ihren Platz gefunden. Eines davon ist die legendäre S 3/6, die Königin der Dampflokomotiven (18 505, 2'C1' h4v, Maffei, 1924).

Das Museum ist auch die Heimat des Museumszuges, unseres Kuckucksbähnels. Abfahrt ist auf Gleis 5 im Hbf; hier gibt es auch die Fahrkarten. Die ersten 2,5 km bis Lambrecht sind DB-Gleise, auf denen die Lok ihre Personenwagen – 2., 3. und 4. Klasse, gebaut seit 1901, und die rollende Museumsschänke, einen umgebauten Packwagen von 1902 – auch durch den 332 m langen Wolfsbergtunnel zieht.

Die nächste Haltestelle ist Erfenstein; links sehen wir die Ruine Spangenberg, rechts die der Burg Erfenstein, beides Ausflugsziele. Wir dampfen weiter dem Speyerbach entlang und halten in Breitenstein. Hier lädt das bewirtschaftete Forsthaus ein; von der anderen, der nördlichen Seite, grüßt Ruine Breitenstein herab.

Der nächste Halt ist in Helmbach, dann geht es eine starke Steigung bergauf und nach 12,9 km ab Lambrecht erreichen wir den Bf Elmstein inmitten des Naturparks Pfälzerwald.

30

Stumpfwaldbahn

Schmalspur 600 mm

SWB Stumpfwaldbahn Ramsen e.V., c/o Bernd Bormann, Pfaffenhecke 2, 67305 Ramsen, Tel. 0 63 51/27 25, Fax 0 63 51/3 79 20; Betriebsgelände: Bf Eiswoog, 67305 Ramsen, Tel. 0 63 56/80 35

Betriebstage

Sonn- und Feiertage vom 30. Mai bis 3. Okt. (außer Fronleichnam).

Eisenbahnfeste

Im Jan. Fackelfahrt und Feuerwerk.

Fahrplan

Bf Eiswoog ab 10.30, 11.05, 11.40, 13.00, 13.38, 14.20, 15.02, 15.44, 16.26, 17.08, 17.46, 18.24;
Bf Bockbachtal ab 10.45, 11.20, 11.55, 13.18, 13.58, 14.40, 15.22, 16.04, 16.46, 17.26, 18.04, 18.39;
die jeweils ersten und letzten Züge verkehren nur bis zum 2. Sept.-Sonntag.

Fahrpreise

Rf DM 4,–, Kinder 4–12 Jahre DM 3,–. Fahrradtransport ist nicht möglich, aber Rollstühle und Kinderwagen werden transportiert.

Triebfahrzeuge

Dampflok (B n2, Eigenbau), Dieselloks (zwei Ns 2f, Lokomotivbau Karl Marx; eine Ns 1, LKM; eine Jung el 105; zwei weitere in Aufarbeitung), Akkulok (BBA).

Anfahrt

Mit der DB bis Bf Frankenthal-Ramsen, ausgeschilderter Fußweg, etwa 35 Minuten. Mit dem Auto auf der A 6, Ausfahrt Wattenheim, über Hettenleidelheim nach Ramsen. P am Bf.

Tourist-Information

Verbandsgemeinde 67304 Eisenberg, Tel. 0 63 51/40 70.

Mit der Bahn in den Stumpfwald.

Der Stumpfwaldbahn-Verein, der Feldbahnmaterial und historische Landmaschinen sammelt, betreibt seit 1996 zum Vergnügen der kleinen und großen Fahrgäste diese Bahn. Die schmalen Gleise führen in die pfälzischen Berge hinauf. Die Strecke ist zwar nur etwa 2 km lang, aber in den offenen Wagen genießen wir den Ausblick ins Tal hinab. Weiter geht es zu Fuß im schönen Wandergebiet des Stumpfwaldes.

Museumsbahn Losheim

Regelspur 1435 mm

MECL Museums-Eisenbahn-Club Losheim,
Vierherrenwald 35, 66679 Losheim, Tel. und Fax 0 68 72/35 92

Betriebstage

Ostern, 1. Mai, Pfingsten, bestimmte So Juni – Okt., Nikolausfahrten 1. Advent und So nächst Nikolaustag.

Eisenbahnfeste

An Pfingsten, 4./5. April 1999: großes Eisenbahnfest zur Eröffnung des Eisenbahnmuseums Losheim. Das Dampflokfest mit Sonderfahrplan wird jeweils an einem Aug.-Wochenende gefeiert.

Fahrplan

Losheim ab Richtung Merzig-Ost 13.30, 15.30, 17.30; Losheim ab Richtung Dellborner Mühle 14.30, 16.30; Merzig-Ost ab 14.00, 16.00; Dellborner Mühle ab 15.00, 17.00.

Fahrpreise

Gesamte Strecke DM 20,–, Kinder DM 8,–. Fahrradtransport ist kostenlos.

Triebfahrzeuge

Dampflok „Merzig“ (ex Saarberg 26, C n2t, Henschel, 1937) und „Losheim“ (ex Saarberg 34, D n2t, Henschel, 1948), Diesellok Nr. 51 (ex MBE, 1959).

Anfahrt

Mit der DB bis Merzig, von hier 20 Minuten zu Fuß nach Merzig-Ost. Mit dem Auto auf der A 62, Ausfahrt Nonnweiler/Losheim; auf der A 8, Ausfahrt Merzig. P an den Bahnhöfen.

Tourist-Information

Verkehrsbüro, Saarbrücker Straße 13, 66679 Losheim am See, Tel. 0 68 72/61 69, Fax 0 68 72/84 89; Verkehrsamt, Zur Stadthalle 4, 66663 Merzig, Tel. 0 68 61/1 94 33 und 7 21 20.

Einst zogen die Dampfloks des MECL die Kohlenzüge des Saarbergwerks, seit 1982 dienen sie dem Dampfvergnügen der Touristen und Eisenbahnnostalgiker auf dem Schienenweg der ehemaligen MBE Merzig-Büschfelder Eisenbahn.

Unsere Fahrt beginnt in Losheim, dem Erholungsort mitten im Naturpark Saar-Hunsrück. Hier hat der MECL seine Betriebsanlagen, hier sind die zehn Triebfahrzeuge, die meisten betriebsbereit, stationiert, auch die Personen-, Pack-, Post-, Güter- und anderen Wagen, insgesamt etwa 40 an der Zahl. All das und noch viel mehr zeigen die MECL-Eisenbahnfreunde, gemeinnütziger Verein zur Erhaltung historisch wertvollen Eisenbahnmaterials, nun auch in ihrem Museum. Auch der Bahnpostwagen Typ mr-a/26 ist eingestellt, dienst- und kursmäßig eingerichtet. Der Wagen der Bundesarbeitsgemeinschaft Bahnpost (BArGeBp) ist an den Fahrtagen geöffnet, und vor Abfahrt unseres Museumszuges holen wir uns den Museumspoststempel.

Jetzt dampft unser Zug aus dem Bahnhof Losheim, und über Bachem und Brotdorf erreichen wir die Kreisstadt Merzig. Der Zug wird im ehemaligen MBE-Bf-Ost umgesetzt, und nach etwa 5 Minuten geht es auf die 14,5 km lange Strecke über die große Steigung hinter Bachem über Losheim und Niederlosheim zum Halte- und Endpunkt Dellborner Mühle. Wieder wird die Lok umgesetzt, die Rückfahrt über Losheim, Merzig und zurück beginnt. Etwa 2 Stunden waren wir unterwegs durch Wiesen und Wälder, sind durch Täler und über Berge gefahren, haben Kaffee und Kuchen (oder andere Getränke) unterwegs genossen, wenn wir in Losheim den Zug verlassen.

Der MECL-Museumszug zwischen Brotdorf und Bachem.

Hochwaldbahn im Hunsrück

Regelspur 1435 mm

HWB Hochwaldbahn e.V., Zur Stadthalle 3, 66663 Merzig,
Tel. 0 68 61/99 29 85, Fax 0 68 61/7 73 99;
Betriebsgelände: Bahnhofstraße 16, 54411 Hermeskeil –
in der Nachbarschaft des Dampflok-Museums Hermeskeil

Betriebstage, Fahrplan, -preise	Triebfahrzeuge
Bitte erfragen.	Dreiteilige Schienenbuseinheit VT 98 (diese Triebwagen wurden 1955–1962 in Dienst gestellt, sie hatten Büssing-Motoren; der HWB-Schienenbus stammt aus der Waggonfabrik Uerdingen).
Anfahrt	
Mit dem Auto auf der A 1, Ausfahrt Hermeskeil. P am Bf.	

Seit 1991 fuhr der Schienenbus der Hochwaldbahn nach Morbach und Trier. Aber 1998 wurden diese Nebenbahnlinien durch die DB stillgelegt. Nun hat der Hochwaldbahn-Verein seine Fahrzeuge hauptstreckentauglich gemacht, um auf allen Strecken der Region Rheinland-Pfalz und Saarland Fahrten durchzuführen. Für Getränke an Bord ist gesorgt, Fahrräder können mitgebracht werden. Auch für Sonderfahrten steht der Zug bereit.

Mit dem Schienenbus durch den Hochwald.

33

Westerwaldbahn

Regelspur 1435 mm

EFB Eisenbahnfreunde Betzdorf e.V., Gäulenwaldstraße 42, 57518 Betzdorf, Tel. 0 27 41/2 73 99, Fax 0 27 41/48 00

Betriebstage

Wochenende Mitte Aug.,
weitere Termine auf Anfrage;
Nikolausfahrten Scheuerfeld – Bindweide.
Sonderfahrt an Himmelfahrt, Vatertagsausflug von Betzdorf zum Biggesee nach Sondern;
weitere Sonderfahrten auf Anfrage.

Eisenbahnfeste

Wochenende Mitte Sept.,
Tag des offenen Denkmals, Lokschuppenfest im Bw Siegen gegenüber dem Hbf.

Fahrplan

Scheuerfeld ab 13.00, 15.40;
Weitefeld an 14.10, 16,50.
Weitefeld ab 14.25, 17.05;
Scheuerfeld an 15.22, 18.10.

Fahrpreise

Rf DM 12,–, Kinder zahlen die Hälfte.
Fahrradtransport ist kostenlos.

Triebfahrzeuge

Dampflok 52 8121-7 (1'E h2, Schichau, 1943, rekonstruiert 1963 bei der DR der DDR aus 52 5585) und 52 8134-0 (1'E h2, WLF, 1943, rekonstruiert 1964 bei der DR der DDR aus 52 7138), weitere Fahrzeuge, darunter 2 Schienenbusse, sind nicht betriebsfähig oder in Aufarbeitung.

Anfahrt

Mit der DB bis Haltepunkt Scheuerfeld (Sieg), 200 m bis zum Bf der Westerwaldbahn.
Mit dem Auto auf der A 45, Ausfahrt Freudenberg, bis Betzdorf, dann Richtung Wissen. P am Bf.

Tourist-Information

Städtisches Verkehrsamt, Hellerstraße 1, 57518 Betzdorf, Tel. 0 27 41/29 10.

In der traditionsreichen Eisenbahnstadt Betzdorf wurde 1985 der Verein der Eisenbahnfreunde gegründet, und seit 1987 wurden mit angemieteten Dampfzügen Fahrten auf der Westerwaldbahn unternommen. Das erste eigene Schienenfahrzeug war eine Motordraisine. 1993 konnte die erste Dampflok erworben werden, die 52 8121-7, 1997 schon die zweite. Seit 1994 konnten so die Fahrten mit eigenem Dampfzug erfolgen. Verschiedene Wagen, Bj. 1931–1986, werden angehängt, wenn es heißt: „Wir machen Dampf!“

Lokparade im Bw Siegen, in der Mitte die Gastlok 52 8095.

Die fahrplanmäßigen Züge auf der 18 km langen Strecke vom Betzdorf benachbarten Scheuerfeld über Bindweide und Elkenrother Weiher nach Bindefeld führen durch den schönen Westerwald. Die Sonderfahrten auf DB-Strecken in der Region sind bei allen Eisenbahnfreunden beliebt. Im Zug befinden sich ein Buffet- und ein Barwagen, um jede Fahrt zum Fest zu machen.

Brohltaleisenbahn

Schmalspur 1000 mm

IBS Interessengemeinschaft Brohltal Schmalspureisenbahn e.V.,
Kapellenstraße 12, 56651 Niederzissen,
Tel. 0 26 36/8 03 03, Fax 0 26 36/8 01 46

Betriebstage

April: Karfreitag, letzter Sa und alle So; Ostern Dampfbetrieb. Mai: jeden Di, Do, Sa, So; 1. Mai, Himmelfahrt und Pfingsten Dampfbetrieb. Juni – Sept.: jeden Di, Do, Sa, So; Fronleichnam, alle 2. und 4. So Dampfbetrieb. Okt.: bis zum vorletzten So jeden Di, Do, Sa, So; 3. Okt., 2. und 3. So Dampfbetrieb. Advents-Wochenenden: Nikolausfahrten. Weihnachtsfahrten, Silvesterfahrten, Winterfahrten an Jan.- und Febr.-Sonntagen.

Fahrplan

Brohl ab Di, Do, Sa, So 9.45, 14.00,
Engeln an 11.15, 15.30;
Engeln ab Di, Do 11.35, 15.50;
Sa, So 11.35, 17.00.
Dampfbetriebstage:
Brohl ab 9.30; Dampfzug ab 10.15, 14.00;
Engeln an 11.00,
Dampfzug Oberzissen an 11.05, 14.50
und Weiterfahrt nach Engeln mit Dieselloks;
Engeln ab 11.10, 12.30, 17.00.

Fahrpreise

Brohl – Oberzissen Ef DM 10,–, Rf DM 14,–;
Brohl – Engeln Ef DM 14,–, Rf DM 18,–;
Dampfzuschlag DM 2,–/4,–.
Fahrradtransport ist kostenlos.

Triebfahrzeuge

2 Dampfloks (Bauart D, 1951, aus Polen), 3 Dieselloks (Bauart C, O & K, 1964), Dieseltriebwagen (Bauart B'B', 1956); die schwere Mallet-Lok (Bauart B'B', 1906) ist abgestellt und wartet auf einen Sponsor, der zur Wiederinbetriebsetzung verhilft; die schwere Diesellok (B'B', Henschel, 1966), die 1998 aus Spanien ins Brohltal kam, dient dem Güterverkehr.

Anfahrt

Mit der DB bis Bahnhof Brohl.
Mit dem Auto auf der B 9 bis Brohl oder auf der A 61, Ausfahrt Niederzissen.
P 2 Minuten vom Bf Brohl-BE entfernt.

Tourist-Information

Fremdenverkehrsverband Brohltal e.V., Rathaus, Kapellenstraße 12, 56651 Niederzissen,
Tel. 0 26 36/97 40-410, ab 12 Uhr 97 40-100,
Fax 0 26 36/8 01 46.

Die BEG Brohltaleisenbahn Gesellschaft eröffnete 1901 ihren Betrieb. 1987 und 1992 erfolgten die Stillegungsbeschlüsse. Die IBS wurde 1987 durch Eisenbahnfreunde gegründet, die mit ihrer ehrenamtlichen Arbeit den Betrieb aufrechterhielten. 1992 wurde die BSEG Brohltal Schmalspureisenbahn-Betriebs-GmbH ins Leben gerufen und der gesamte Betrieb gepachtet. So fahren auf der 17,5 km langen Strecke immer noch die Güterzüge, die Phonolith-Gesteinsmehl von Brenk nach Brohl transportieren – und die Züge des „Vulkan-Express", denen unsere Aufmerksamkeit gilt. Wir nehmen Platz in einem der Personenwagen, von denen einer von der Zugspitzbahn, ein anderer von Frauenfeld-Wil kommt; einer ist offen und wird „Sommer-

Cabrio“ genannt. Der Zug ist bewirtschaftet, es gibt Getränke aller Art, Knabbereien und Knackwurst, Brot und Kartoffelsalat.
Im unteren Brohltal fahren wir an Mühlen vorbei, an der Bedarfshaltestelle Schweppenburg sehen wir rechts das Bauwerk aus der Zeit um 1630. Bei km 4,2 erreichen wir Bad Tönisstein mit seinem Wellblechunterstand, dem „kleinsten Bahnhof Deutschlands“. Weiter geht die Fahrt, über den Viadukt mit seinen sieben Bogen, durch den 94 m langen Tunnel, nach Burgbrohl, überragt von der Bruleburg. In Niederzissen sehen wir rechts den 340 m hohen Krater des Bausenbergs. In Oberzissen endet der Dampfbetrieb. Für die Steilstrecke durch die Vulkaneifel werden starke Dieselloks vor den Zug gehängt. An der Ruine Ohlbrück und dem Phonolith-Steinbruch vorbei kommen wir in Engeln auf 465 m Höhe an – unser Zug hat den Höhenunterschied von 400 m geschafft.

Der „Vulkan-Express“ auf dem Weg nach Engeln.

Eifelbahn

Regelspur 1435 mm

Eifelbahn e.V., Postfach 11 61, 54568 Gerolstein,
Tel. 0 65 93/98 90 73, Fax 0 65 93/98 90 75

Betriebstage

Genaue Termine bitte erfragen; Sonderfahrten anläßlich des Sprudelfests in Gerolstein Ende Aug., zur Veranstaltung „Autofreies Prümtal“ am 1. Sept.-Sonntag, zum Lukasmarkt nach Mayen am 2. und 3. Okt.-Sonntag, zum Weihnachtsmarkt nach Ulmen, Weihnachtszug nach Losheim.

Fahrplan

Bitte anfordern.

Fahrpreise

Beispiele: Gerolstein – Gondelsheim Rf DM 20,–, Kinder bis 11 Jahre DM 10,–; Gerolstein – Mayen Ost Rf DM 40,–, Kinder DM 20,–; Gerolstein – Ulmen, Gerolstein – Losheim Rf DM 35,–, Kinder DM 20,–. Fahrradtransport ist möglich.

Triebfahrzeuge

Dampflok 94 1538 (E h2, Nachbau der preuß. T 16 für die Reichsbahn), Schienenbus 795 256 (Baureihe VT 95, 50er Jahre) mit Beiwagen 995 295.

Anfahrt

Mit der DB bis Bf Gerolstein. Mit dem Auto auf der A 1, Ausfahrt Daun, oder A 60, Ausfahrt Prüm. P am Bf.

Tourist-Information

TW Gerolsteiner Land, Kyllweg 1, 54568 Gerolstein, Tel. 0 65 91/13 80 84, Fax 0 65 91/13 66.

Seit 1995 gibt es den Eifelbahn-Verein; seit 1998, als anläßlich des Sprudelfestes die Lokomotiven vorgestellt wurden, fahren die Züge auf den Strecken rund um Gerolstein durch die Vulkaneifel.

Die Dampflok wurde aufgearbeitet und strahlt und dampft in neuem Glanz, nachdem sie 25 Jahre als Denkmalslok in Gönnern bei Dillenburg auf ihrem Sockel von neuer Indienststellung träumte. Ihre neue Heimat hat sie im denkmalsgeschützten Bahnbetriebswerk Gerolstein, das sich zu einem Eisenbahn-Museum entwickelt. Von hier geht sie wie der Schienenbus aus den 50er Jahren auf ihre großen und kleinen Fahrten. Also: Einsteigen bitte! In welche Richtung, zu welchem Zielpunkt wir auch fahren, es ist ein besonderes Erlebnis, durch diese Landschaft, aus Feuer geboren, zu rollen. Gegen den Durst gibt es in den Zügen der Eifelbahn Getränke – nicht nur den berühmten Sprudel.

Mit Dampf durchs Gerolsteiner Land.

36 Vennbahn

Regelspur 1435 mm

Vennbahn V.o.E., Bahnhofstraße 70, B-4730 Raeren.
Tel. 00 32/87/85 82 85, Fax 00 32/87/85 82 89

Betriebstage

Am ersten Wochenende Mai – Okt. Dampffahrten, Sa nach Malmedy, Stavelot und Trois-Ponts, So nach Bütgenbach; an anderen So dieselbetriebene Züge nach Malmedy und Bütgenbach. Weihnachtszüge im Dez. Genaue Termine bitte erfragen.

Fahrplan & Fahrpreise

Bitte erfragen. Fahrradtransport auf den Dieselzügen nach Voranmeldung.

Tourist-Information

Verkehrsamt der Ostkantone, Mühlenbachstraße 2, B-4780 St. Vith, Tel. und Fax 00 32/80/22 76 64.

Triebfahrzeuge

Dampflok 50 3666 (1'E h2, 1943, Umbau der Baureihe 50, die seit 1939 hergestellt worden war, durch die DR der DDR 1959–1963), Diesellok V 180 (C'C', Lokomotivbau Karl Marx, 1966), belgische Diesellok 1603 (Co'Co', AFB, 1955), 2 weitere Dieselloks (1955), 2 Kleinloks (Köf II, 1959; Kö II, 1939), Dieseltriebwagen (1956).

Anfahrt

Mit der DB bis Aachen Hbf, weiter mit dem Linienbus 14 nach Raeren. Mit dem Auto auf der A 43 Richtung Lüttich, Ausfahrt Eynatten. P am Bf.

Der erste Streckenabschnitt der Vennbahn wurde 1885 zwischen Aachen-Rothe Erde und Monschau in Betrieb genommen, 1889 wurde die Strecke bis Trois-Vierges fertiggestellt. In den Jahren nach 1950 wurde der Personenverkehr und 1989 der Güterverkehr, 1991 auch auf der Strecke Eupen – Stolberg, eingestellt. 1989 wurde der Vennbahn-Verein gegründet, und seit 1990 fahren wieder die Züge im deutsch-belgischen Grenzgebiet durchs Hohe Venn, eine eindrucksvolle Landschaft.

Die Strecke bis Bütgenbach ist 59,9 km, die bis Trois-Ponts 82,8 km lang. Wir sitzen in den Reisezugwagen 1. Klasse der belgischen Eisenbahn aus den Jahren 1933 – 1935. In den Speise- und Buffetwagen der Mitropa der DDR von 1961 und 1974 bietet uns das freundliche Service-Personal Getränke aller Art und feine kleine Speisen an.

Die belgische Diesellok zieht den Zug durchs Hohe Venn.

Ob und wann die Deutsche Vennbahn ihren Betrieb auf der Strecke von Stolberg über Raeren nach Monschau wieder aufnehmen kann, läßt sich noch nicht sagen. Nachdem die Strecke Stolberg – Raeren durch die DB stillgelegt worden ist, fuhr am 25. Okt. 1998 zum letzten Mal der Panorama-Schienenbus hier entlang. Noch hat sich kein neuer Verkehrsträger gefunden. Für jede Unterstützung ist dankbar: Förderverein Vennbahn e.V., Rhenaniastraße 1, 52222 Stolberg.

Rurtal-Express

Regelspur 1435 mm

DRWI Dampfbahn Rur-Wurm-Inde e.V., Moltkestraße 16,
52351 Düren, Tel. 0 24 21/22 28 54, Fax 0 24 21/22 28 53

Betriebstage

So und Feiertage vom Frühling bis in den Herbst, Nikolausfahrten im Dez., Sonderfahrten nach Köln, Aachen, Bad Münstereifel, ins Schleidener Tal und mit dem Dampfsonderzug „Brockenhexe" nach Quedlinburg im Harz. Genaue Termine bitte erfragen.

Triebfahrzeuge

Dampflok 52 8148-0 (1'E h2, eine der Kriegslokomotiven, die seit 1960 bei der DR der DDR umgebaut wurden).

Fahrplan

Düren Hbf ab 10.40, Heimbach an 11.39; Heimbach ab 17.14, Düren an 18.13. Bedarfsfahrten Düren – Jülich – Linnich, Termine bitte erfragen.

Anfahrt

Mit der DB bis Düren Hbf. Mit dem Auto auf der A 4, Ausfahrt Düren. P am Hbf.

Fahrpreise

Rf Düren – Heimbach DM 18,–, Jülich – Heimbach DM 24,–, Kinder 6 – 11 Jahre zahlen die Hälfte. Fahrradtransport nach vorheriger Anmeldung kostenlos.

Tourist-Information

Verkehrsamt, Rathaus, 52348 Düren, Tel. 0 24 21/2 50 22 35, Fax 0 24 21/25 22 90; Verkehrsamt, Seerandweg, 52396 Heimbach, Tel. 0 22 46/8 08-18, Fax 0 22 46/8 08-88.

Der 1993 gegründete DRWI zum Betrieb der Dampfbahn nennt sich nach den drei Flüssen der Region, Rur, Wurm und Inde, die auch dem Bergbaurevier seinen Namen gegeben haben. Der Rurtal-Express (REX) fährt auf den Schienen der Rurtalbahn, die von der DKB Dürener Kreisbahn betrieben wird.

Die 15 km zwischen Düren und Jülich werden nach Bedarf befahren. Auf den 29,9 km von Düren nach Heimbach fahren wir durch die nördliche Eifel, durch schroffe Felstäler und unberührte Wälder, über weite Wiesen, immer dem Lauf der Rur folgend. Im Zug befindet sich ein Buffetwagen der DR der DDR, hier gibt es heiße und kalte Getränke, Knabbereien und Eisenbahn-Souvenirs (auf den langen Strecken der Sonderfahrten werden auch warme Speisen angeboten; und wenn Sie mit dem Rurtal-Express unterwegs sind, ist vielleicht schon der Umbau des Halbspeisewagens vollendet – mit langer Theke und Bier vom Faß).

Der erste Halt erfolgt am Annakirmesplatz, wo Ende Juli/Anfang Aug. eines der größten Volksfeste der Region gefeiert wird. Wir dampfen weiter nach Süden, an der Burg Untermaubach vorbei, aus dem 14. Jahrhundert stammend und nur von außen zu besichtigen. Jetzt fährt unser Zug am Stausee Obermaubach entlang, und wir blicken auf den Burgberg bei Bergstein mit seinem Krawutschketurm, benannt nach dem einstigen Wanderwart des Eifelvereins. Schauen wir nach rechts aus dem Fenster, sehen wir Burg Nideggen aus dem 14. Jahrhundert. Durch malerische Dörfer kommend, gelangen wir zu unserem siebten Halt im Luftkurort Heimbach – Endstation. Wer will, benutzt den Bustransfer zum Rursee, um eine Dampferfahrt zu unternehmen.

Heimbach, Perle der Eifel, mit seinen historischen Bauten und den Wallfahrtskirchen, lädt zu einem Rundgang ein. Über der Stadt ragt Burg Hengebach auf, deren Anfänge ins 11. Jahrhundert reichen. Vom Burgfried haben wir einen Rundblick auf die hinreißende Landschaft, die sich auf den vielen Wanderwegen erleben läßt.

Übrigens: Wer nicht nur als Fahrgast mit dem REX unterwegs sein will, kann in einem Wochenendkurs, veranstaltet von DRWI und Eifeltouristik, Ehrenlokomotivführer werden.

Die Lok des Rurtal-Express.

Rurtalbahn

Regelspur 1435 mm

EAK Eisenbahn-Amateur-Klub Jülich e.V. im Bahn-Sozialwerk,
Bez. Köln, Rochusstraße 3, 52428 Jülich,
Tel. (nach 18 Uhr) 0 24 61/5 42 48

Betriebstage, Fahrplan, -preise

Können nur kurzfristig festgelegt werden und sind bitte beim EAK zu erfragen.

Triebfahrzeuge

Schienenbus VT 798670-6, 798751-4 und VS 998908-8 (Achsfolge Bo, Gattung B, 1955–1962).

Anfahrt

Mit der DB bis Düren, von dort mit der DKB Dürener Kreisbahn nach Jülich. Mit dem Auto auf der A 44, Ausfahrt Jülich-West. P am Bf.

Tourist-Information

Kultur- und Verkehrsamt, Altes Rathaus am Markt, 52428 Jülich, Tel. 02461/63243, Fax 02461/63225.

Gelegentlich gehen die Schienenbusse der EAK auf den Strecken der Rurtalbahn der DKB und der DB auf Fahrt. Es sind immer Erlebnisfahrten in die 50er und die frühen 60er Jahre. Die Eisenbahn-Amateure von Jülich, die sich seit 1976 in ihrem Verein zusammengefunden haben, veranstalten diese Fahrten, bei denen die älteren Fahrgäste an die Zeit vor 50 Jahren erinnert werden, die jüngeren vielleicht diese Zeit nachempfinden können. An Bord der Schienenbusse werden nicht nur Getränke verkauft, sondern auch Bahnsouvenirs, um die nostalgischen Gefühle zu verstärken.

Mit dem Schienenbus in die 50er Jahre.

39

Selfkantbahn

Schmalspur 1000 mm

IHS Interessengemeinschaft Historischer Schienenverkehr e.V., Postfach 603, 52007 Aachen, Tel. 0241/82369, Fax 0241/83491. Bahnhof Schierwaldenrath, Am Bahnhof 13, 52538 Gangelt, Tel. 02454/6699, Fax 02454/7245

Betriebstage

Jeden Sonn- und Feiertag von Ostern bis Ende Sept.; von Mitte April bis Anfang Juni werden Spargelfahrten mit Spargelessen veranstaltet; an den Advents-Wochenenden Nikolausfahrten; die Termine für die Mondscheindampffahrten mit Spanferkelessen sind bitte zu erfragen.

Eisenbahnfeste

Der Termin für das Kinderfest im Bf Schierwaldenrath ist zu erfragen. Am „Tag des offenen Denkmals“, So Mitte Sept., wird der Kleinbahntag gefeiert. Zu Pfingsten wird das „Bulldog-Treffen“ veranstaltet; historische Traktoren und Straßen-Oldtimer treffen sich auf dem Gelände des Bf Schierwaldenrath, die Dampfzüge verkehren im 50-Minuten-Takt.

Fahrplan

Gillrath ab 12.00, 13.45, 15.15, 16.45;
Schierwaldenrath an 12.31, 14.11, 15.41, 17.11;
Schierwaldenrath ab 11.15, 13.00, 14.40, 16.10;
Gillrath an 11.38, 13.23, 15.03, 16.33;
Eilzug mit Diesellok oder Triebwagen:
Gillrath ab 18.00, an 18.20,
Schierwaldenrath ab 17.35, an 17.55.

Fahrpreise

Rf DM 9,80, Kinder 4–15 Jahre DM 4,90; Nikolausfahrt DM 13,–, Kinder 1–15 Jahre 10,50. Fahrradtransport ist kostenlos.

Triebfahrzeuge

Dampflok 5 „Regenwalde“ (1'C1' h2t, Borsig, 1930, von der Polnischen Staatsbahn), Dampflok 20 „Haspe“ (Bn 2t, Jung, 1956, von der Klöckner-Hütte, Hagen-Haspe), Diesellok V 8 (Cdm, Lokomotivbau Karl Marx, 1973, von der August-Bebel-Hütte, Helbra) und V 14 „List“ (Bdm, DWK Deutsche Werke Kiel, 1937, von der Sylter Inselbahn).

Anfahrt

Mit der DB bis Bf Geilenkirchen, mit Bussen der Kreiswerke Heinsberg bis Gillrath. Mit dem Auto auf der A 46, Ausfahrt Heinsberg, auf der B 221 Richtung Geilenkirchen, dann auf der B 56 nach Gillrath; nach Schierwaldenrath geht es nach Gillrath rechts ab.
P an den Bfn.

Tourist-Information

Heinsberger Tourist-Service (HTS), Kirchstraße 26, 41849 Wassenberg, Tel. 02432/9606-0, Fax 02432/9606-19.

Von 1900 bis 1971 führte die kreiseigene Kleinbahn bis nach Selfkant, dem westlichsten Dorf Deutschlands. Nach der Stillegung dient das 5,5 km lange Teilstück zwischen Gillrath und Schierwaldenrath der historischen Dampfeisenbahn. Der Bf Schierwaldenrath wurde ausgebaut, Lokschuppen, Werkstätten, Arbeitsgruben und andere Einrichtungen wurden für das Kleinbahnmuseum Selfkantbahn geschaffen. Hier sind auch die sechs Dampfloks, davon zwei betriebsfähig, die sechs Diesel-

triebfahrzeuge, davon ebenfalls zwei betriebsfähig, und die 16 Reisezugwagen, 15 Güterwagen und 12 Nebenfahrzeuge stationiert.
Ein Besuch des Museums und eine Fahrt auf der Selfkantbahn ergeben einen einmaligen Eisenbahntag. Die Museumszüge sind bewirtschaftet, es gibt Kaffee und Kuchen sowie kalte Getränke aller Art. Nur der dieselgetriebene Eilzug fährt so schnell an sein Ziel, daß in ihm Speisen und Getränke nicht angeboten werden.
Von Gillrath kommend, hält unser Zug schon nach 9 Minuten in Stahe; die Fotografen stürzen ins Freie, um den Zug und seine Lokomotive aufzunehmen. In Gelindchen hält der Zug nur bei Bedarf, der nächste Halt ist in Birgden, und dann sind wir schon in Schierwaldenrath angekommen.
Wenn das Oster- und das Pfingstfest gefeiert wird, wartet jetzt am Bahnhof der Oldtimer-Bus, ein Mercedes aus dem Jahr 1953 der Kreiswerke Heinsberg, um zur Besichtigungstour zu den Windmühlen des Selfkant zu fahren.
Das ist nur eine der vielen Veranstaltungen längs der Selfkantbahn; einige sind unter dem Stichwort „Eisenbahnfeste“ erwähnt. Bitte erfragen Sie die genauen Termine bei der IHS. Und wer Ehrenlokomotivführer werden will, der belegt einen Wochenend-Lehrgang.

Die Selfkantbahn mit der Lok „Haspe“ am Haltepunkt Gelindchen.

40

Gillbachbahn, Feldbahnmuseum Oekoven

Schmalspur 600 mm

FWM Feld- und Werksbahn-Museum e.V.,
Postfach 12 63, 41566 Rommerskirchen,
Tel. 0 21 33/4 91 04, 0 21 61/48 20 89, Fax 0 21 61/48 29 98;
Betriebsgelände: am ehemaligen DB-Bf, 41569 Oekoven,
Tel. 0 21 83/90 69 (nur an Betriebstagen und zu den Öffnungszeiten)

Betriebstage

Jeweils 1. Sonntage Mai – Okt., Pfingsten; Nikolausfahrten 1. Dez.-Wochenende, So Mitte Dez. (Karten im Vorverkauf).

Triebfahrzeuge

Dampflok 4 (B n2, Jung Fabr.-Nr. 9294, 1941), Dieselloks 18 (Jung, 1941), 24 (Spoorijzer, 1960), 23 (Jung 1953) und weitere Fahrzeuge, die im Lauf der Zeit aufgearbeitet werden.

Anfahrt

Mit der DB bis Bahnhof Rommerskirchen. Mit dem Auto auf der A 1, Ausfahrt Köln-Bocklemünd, dann auf der B 59 nach Rommerskirchen und zum Ortsteil Oekoven. P am FWM-Gelände.

Fahrplan

10.00 – 18.00 Uhr.

Tourist-Information

Gemeindeverwaltung, Bahnstraße 51, 41569 Rommerskirchen, Tel. 0 21 83/8 00-0.

Fahrpreise

DM 5,–, Kinder zahlen die Hälfte.

Lok 4 und Lok 18 am Endbahnhof „An der Lohe".

Eisenbahnfreunde, die schon mit dem Sammeln von Feldbahnmaterial begonnen hatten, gründeten 1976 in Rheydt einen Verein und pachteten das 14 000 qm große Gelände des ehemaligen Grubenanschlußbahnhofs der Brikettfabrik Neurath. Es wurden Schienen verlegt, um die Sammlung abzustellen – bislang 6 Dampfloks, etwa 30 Dieselloks, 4 Elloks, 1 Akkulok und 1 Holzvergaserlok, über 90 Sitzwagen, Loren, Kipploren, Kohlehunte und andere Fahrzeuge. Der Fahrbetrieb auf der etwa 1 km langen Strecke – die im ständigen Ausbau ist – wird seit 1996 mit der tüchtigen Lok 4 durchgeführt.

Rheinische Industriebahn, Köln-Nippes

41

Schmalspur 600 mm

Rheinisches Industriebahn Museum e.V.,
Bw Köln-Nippes, Eingang Longericher Straße, Köln-Longerich;
Postadresse: Jörg Seidel, In der Kreuzau 4, 51105 Köln,
Tel. 01 72/2 50 20 75, Fax 02 21/8 30 52 18

Betriebstage

1. Febr.-Sonntag (Glühweintag), Ostern, Pfingsten, jeweils 2. Sonntag Juni-Sept., 2. Okt.-Wochenende.

Eintrittspreise

DM 6,–, Kinder 6 – 12 Jahre DM 3,–.

Triebfahrzeuge

Verschiedene Feldbahnloks.

Eisenbahnfeste

Kindertag ist am 2. So im Juli und der Tag des offenen Denkmals am 2. So im Sept.

Anfahrt

Mit der DB bis Köln Hbf, mit der Stadtbahn Linie 18 bis Longerich, 10 Minuten zu Fuß längs der Longericher Straße.
Mit dem Auto auf der A 1, Ausfahrt Köln-Nord/Longerich.
P in der Nähe des Museums.

Fahrplan

11 – 17 Uhr Pendelverkehr zwischen Eingang und Betriebsgebäuden. Sonderfahrten mit dem Museumszug zu Industrie- und Privatbahnen; Termine bitte erfragen.

Tourist-Information

KölnTourismus Office, Unter Fettenhennen 19, 50667 Köln, 02 21/2 21 33 45 und 1 94 33.

Der Verein, 1987 gegründet, hat seit 1992 seine Fahrzeugsammlung im denkmalgeschützten Bw Köln-Nippes untergebracht. Es sind etwa 80 Lokomotiven aller Art und etwa 200 verschiedene Wagen aller Spurweiten – 600, 700, 750, 785, 800, 900, 1000 und 1435 mm. Die älteste Lok wurde 1914 gebaut, die jüngste 1989. Neben den Industriebahnfahrzeugen gehören auch Fahrzeuge des regionalen Schienenverkehrs zur wohl größten Sammlung ihrer Art. Auf der 700 m langen Strecke des Betriebsgeländes fährt eine Feldbahn zum Vergnügen der Museumsbesucher.

Die Feldbahn im Rheinischen Industriebahn Museum.

Rhein-Sieg-Eisenbahn

Regelspur 1435 mm

RSE Rhein-Sieg-Eisenbahn GmbH, Siebengebirgsstraße 152, 53229 Bonn, Tel. 02 28/43 05 21, Fax 02 28/43 24 13; Betriebsgebäude und RSE-Förderverein: Königswinterer Straße 52, 53227 Bonn-Beuel

Betriebstage
Mitte Sept. zur Großkirmes „Pützchens Markt"; an den Advent-Wochenenden Nikolausfahrten; Sonderverkehr ganzjährig.

Fahrpreise
Ef DM 4,–, Rf DM 6,–, Kinderermäßigung.

Triebfahrzeuge
Schienenbusse VT 6, VT 23, VT 25 (MAN); 2 Dieselloks für den Güterverkehr.

Eisenbahnfeste
Aus Anlaß des 100jährigen Jubiläums der Bahn Beuel – Hangelar wird im Jahr 2000 ein Eisenbahnfest gefeiert; den Termin dann bitte erfragen.

Anfahrt
Mit der DB (rechte Rheinstrecke) bis Bf Bonn-Beuel, an der Rückseite liegt der RSE-Bf; mit der DB (linke Rheinstrecke) bis Bonn Hbf, mit der Straßenbahn 62 bis Bf Beuel. Mit dem Auto auf der A 59, Ausfahrt Bonn-Beuel-Pützchen. P am Bf Beuel.

Fahrplan
Zu „Pützchens Markt" von den Endbahnhöfen regelmäßige Fahrten bis 1.30 Uhr. An den Advent-Wochenenden Nikolausfahrten. Andere Termine bitte erfragen.

Tourist-Information
Cassius-Passage, Münsterstraße 20, 53103 Bonn, Tel. 02 28/1 94 33, Fax 02 28/69 03 68.

Die Kleinbahn von Beuel nach Großenbusch wurde 1900 eröffnet. Auf der Strecke fahren heute die Güterzüge der Industriebahn Beuel – Hangelar der RSE Rhein-Sieg-Eisenbahn-Betriebsgesellschaft mbH, der zur Zeit einzigen Privatbahn in Nordrhein-Westfalen. Die 4,6 km lange Strecke erschließt das Gewerbegebiet zwischen Beuel und Sankt Augustin-Hangelar, um als Spediteur der umweltfreundlichen Schiene alle Serviceleistungen vom Transport bis zur Lagerung kompetent zu erbringen. Als Veranstalter und Organisator von Personenzug-Sonderfahrten ist die RSE auch tätig. Neben den Fahrten mit dem RSE-Degussa-Express zu Pützchens Markt und anläßlich der Nikolausfahrten können mit eigenen oder gemieteten Lokomotiven Fahrten überallhin unternommen werden.

Schienenbus in Sankt Augustin-Hangelar.

Flügelrad-Fahrten ab Dieringhausen

Regelspur 1435 mm

EFO Eisenbahnfreunde Flügelrad Oberberg e.V. im Eisenbahnmuseum Dieringhausen und EBM Eisenbahn-Verkehrs Gesellschaft im Bergisch-Märkischen Raum;
Eisenbahnmuseum Dieringhausen, Hohler Straße 2, 51645 Gummersbach, Tel. 0 22 61/7 92 22, Info-Fax zu den Fahrten 0 22 61/97 93 67, 02 21/7 40 91 60, 0 63 06/99 31 94, Öffnungszeiten Museum: Sa 9 – 18, So 10 – 17 Uhr.

Betriebstage, Fahrplan, -preise

Bitte erfragen.

Eisenbahnfeste

Ende Mai wird das Frühlingsfest, Anfang Okt. das Herbstfest im Museum gefeiert.

Triebfahrzeuge

Dampflok 24 009 (1'C h2, Schichau, 1928), 50 3610 (1'E h2, eine der Umbauloks der DR der DDR), 52 8095 (1'E h2, Umbaulok der DR der DDR), Schienenbus VT 796.

Anfahrt

Mit der DB bis Bf Gummersbach-Dieringhausen. Mit dem Auto auf der A 4, Ausfahrt Gummersbach/Wiehl. P am Bf.

Tourist-Information

Städtisches Verkehrsamt, Rathaus, 51643 Gummersbach, Tel. 0 22 61/8 75 58, Fax 0 22 61/8 76 00.

Auf dem großen Freigelände mit Bekohlungsanlagen und Wasserkränen, im denkmalgeschützten Lokschuppen mit der Drehscheibe und beim Anblick der großen Fahrzeugsammlung genießen wir lebendige Eisenbahngeschichte.
Von Dieringhausen aus, bei Pendelfahrten, Rundreisen und bei Sonderfahrten auch auf Gaststrecken, erleben wir dann das Vergnügen nostalgischen Reisens. Auskunft über die Fahrten bitte über Tel. oder Info-Fax erfragen.

Mit der 24 009 im Bergisch-Märkischen Raum.

44

Crefelder Eisenbahn

Regelspur 1435 mm

SWK Städtische Werke Krefeld AG, Abteilung Crefelder Eisenbahn,
St. Töniser Straße 70, 47804 Krefeld,
Tel. 0 21 51/98 44 82, Fax 0 21 51/98 44 94;
Schluff und historische Verkehrsmittel Krefeld e.V.,
St. Töniser Straße 270, 47804 Krefeld

Betriebstage

Vom 1. Mai bis zum 3. Okt.-Sonntag jeden Sonn- und Feiertag. Schluff-Nikolausfahrten Ende Nov. und um den Nikolaustag, Fahrkarten dazu nur im Vorverkauf.

Fahrplan

St. Tönis ab 11.10, 14.10, 16.50;
Hülser Berg an 12.05, 15.05, 17.40;
Hülser Berg ab 12.30, 15.45, 18.00;
St. Tönis an 13.20, 16.35, 18.50.

Fahrpreise

Ef DM 7,–, Kinder 6–14 Jahre DM 4,–, Rf DM 11,–, Kinder DM 4,–. Fahrradtransport DM 1,–, Kinderwagentransport kostenlos.

Triebfahrzeuge

Dampflok „Graf Bismarck XV", 98 8921 (D n2, Henschel, 1947, vom Kraftwerk Bismarck in Gelsenkirchen), 2 Dieselloks für den Güterverkehr (1958, 1975).

Anfahrt

Mit der DB bis Krefeld Hbf, mit der Straßenbahn 041 weiter nach St. Tönis oder mit dem Bus 060. Mit dem Auto auf der A 57, Ausfahrt Krefeld-Gartenstadt. P an den Bahnhöfen.

Tourist-Information

Verkehrsverein, Theaterplatz, 47798 Krefeld, Tel. 0 21 51/8 60.

Die Crefelder Eisenbahn Gesellschaft wurde 1868 gegründet, der Museumsbetrieb auf einer Teilstrecke wird seit 1980 durchgeführt.

Unser Zug, liebevoll „Schluff" genannt, verläßt den Bf St. Tönis. Der Barwagen und die Personenwagen stammen aus der Zeit 1903–1920, der älteste Wagen ist ein Packwagen von 1892. Wir kommen am Verwaltungsgebäude der RWE und dem Stadtgarten vorbei, sehen rechts das Stellwerk Krefeld-Nord sowie das Gebäude und das Freigelände der Historischen Verkehrsmittelschau. Nach 4,7 km ereichen wir den Nordbahnhof. Weiter geht die Fahrt, durch ein Industriegebiet, über Felder und Weiden, bis wir in Krefeld-Hüls halten. Diesen Ortsteil umfahren wir westlich, durchqueren das Hülser Bruch mit seiner vielfältigen Flora und Fauna. Am Fuß des Hülser Berges mit seiner für den Niederrhein stolzen Höhe von 63 m endet nach 13,6 km unsere Fahrt mitten im Naturschutzgebiet. Wanderer und Radfahrer können auf der ehemaligen Eisenbahntrasse, jetzt „Grafschafter Rad- und Wanderweg", die Reise fortsetzen.

„Schluff" vor dem Hülser Berg.

Niederrheinfahrt ab Moers

Regelspur 1435 mm

NIAG Niederrheinische Verkehrsbetriebe AG, Postfach 19 40,
47409 Moers, Tel. 0 28 41/20 53 11, Fax 0 28 41/20 53 30

Betriebstage

1. Mai, Himmelfahrt,
jeweils 2 So Mai – Sept.

Fahrplan

Moers ab
10.00, 12.00, 14.00, 16.00,
Hoerstgen-Sevelen an
nach jeweils 42 Minuten;
Hoerstgen-Sevelen ab
11.00, 13.00, 15.00, 17.00,
Moers an
nach jeweils 42 Minuten.

Fahrpreise

Ef DM 6,–, Kinder DM 4,–;
Rf DM 10,–, Kinder DM 5,–.

Triebfahrzeuge

Triebwagen VT 20 und VT 21 (MAN, 1957).

Anfahrt

Mit der DB bis Moers Bf.
Mit dem Auto auf der A 40 oder A 57,
Ausfahrt Moers.
P am Bf.

Tourist-Information

Verkehrsamt, 47445 Moers,
Tel. 0 28 41/20 17 77.

Bei dieser Tour werden bei den Älteren die Erinnerungen wach an Fahrten auf Nebenbahnen – entweder als Pendler zur Arbeit oder als Urlauber in den Anschlußzügen zum Urlaubsort –, Erinnerungen an eine Zeit vor 40 oder mehr Jahren.

Heute fahren wir durch die weite Landschaft am Niederrhein. Wir verlassen das Stadtgebiet von Moers, halten unterwegs in Neukirchen, Vluyn, Schaephuysen, Rheurdt, Oermterberg und Oermten, um nach 20 beschaulichen Kilometern den End-Bf von Hoerstgen-Sevelen zu erreichen.

46 Historischer Schienenverkehr Wesel

Regelspur 1435 mm

**HSW Historischer Schienenverkehr Wesel e.V.,
Haltener Straß 2a, 46485 Wesel, Tel. und Fax 02 81/8 97 03**

Betriebstage

Himmelfahrt, Pfingsten, 1. Aug.-Wochenende; im Dez. Nikolausfahrten; Sonderfahrten – Kartenvorverkauf.

Triebfahrzeuge

Dampflok B.S.I. 4 (B 2n, Henschel, 1916, von der Bergischen Stahl-Industrie Remscheid), Diesellok V 5 (Deutz, 1956).

Fahrplan

Rheinpromenade ab 11.00, 13.00, 14.40, 16.40; Hohe Mark an jeweils 32 Minuten später; Hohe Mark ab 11.45, 13.45, 15.25, 17.25; Rheinpromenade an jeweils 30 Minuten später; erweiterter Fahrplan zum PPP-Stadtfest; Termine für Sonderfahrten bitte erfragen.

Anfahrt

Mit der DB bis Bf Wesel. Mit dem Auto auf der A 3, Ausfahrt Wesel/Schirmbeck. P an der Rheinpromenade.

Fahrpreise

Ef DM 5,–, Rf DM 10,–, Kinder 4 – 12 Jahre zahlen die Hälfte. Fahrradtransport im Nah- und Fernverkehr eingeschränkt möglich.

Tourist-Information

Verkehrsverein, Großer Markt 11, 46483 Wesel, Tel. 02 81/2 44 98, Fax 02 81/1 40 53.

Die Fahrt mit dem Weseler Stadt-Express beginnt an der Rheinpromenade auf den Schienen der Hafenbahn. Nach einer großen Schleife kommen wir in die Stadt und halten auf Gleis 5 im Bf Wesel. Der nächste Haltepunkt heißt „Altes Wasserwerk", dann verlassen wir die Stadt; unser Zug fährt am Naturpark Hohe Mark vorbei und hält nach 7 km an der RWE-Straße.

Nur eine von vielen Sonderveranstaltungen ist die „Stadtrundfahrt auf Schiene und Wasser". Die Fahrt mit dem Museumszug wird kombiniert mit einer Rheinfahrt auf der „River Lady", die wie ein Mississippidampfer aussieht. Zum PPP-Stadtfest fährt ein Museums-Sonderzug von Moers nach Wesel; die Nikolausfahrten mit Bescherung im Zug führen nach Moers, Tagesfahrten ins Sauerland, an die Lahn oder in die Eifel. Bei diesen Fernfahrten zieht eine Großlok den Zug, in dem sich auch ein Buffetwagen befindet. Beim Nahverkehr zur Hohen Mark verbleibt dieser an der Rheinpromenade.

Endbahnhof im Nahverkehr (HSW).

Schienenverkehr Bocholt

Regelspur 1435 mm

47

Verein zur Erhaltung des Schienenverkehrs e.V.,
Eintrachtstraße 141, 46397 Bocholt, Tel. 0 28 71/3 84 03 und
02 03/99 30 40, Fax 0 28 71/3 84 23 und 02 03/99 30 39

Betriebstage, Fahrplan

Einzelne Fahrten im Frühjahr,
Nikolausfahrten.
Genaue Termine bitte erfragen.

Fahrpreise

Ef DM 3,50,
Kinder 4–12 Jahre zahlen die Hälfte.
Fahrradtransport ist möglich.

Triebfahrzeuge

Triebwagen VT 137 118 (Bauart „Ruhr", 1936),
Diesellok V 20 042, Köf II.

Anfahrt

Mit der DB bis Bf Bocholt.
Mit dem Auto auf der A 3,
Ausfahrt Hamminkeln.
P am Bf.

Tourist-Information

Vekehrsamt,
Kreuzstraße, 46397 Bocholt,
Tel. 0 28 71/50 44.

Seit 1985 unternimmt der Verein seine Fahrten von Bocholt nach Mussum, die etwa 20 Minuten dauern. Die Streckenlänge von 5,5 km soll erweitert werden. Aber wir genießen schon jetzt den Ausflug im historischen Zug bei Kaffee und Kuchen, Bier oder alkoholfreien Getränken.

48

Euregio Eisenbahn Ahaus-Alstätte

Regelspur 1435 mm

EEA Euregio Eisenbahn e.V.,
Postfach 21 21, 48668 Ahaus, Tel. 0 25 67/9 31 90

Betriebstage

1. Mai, So von Juni bis Sept., Klumpen-Spoor-Dag (Aug./Sept.), Nikolausfahrten Ende Nov./Anfang Dez. Genaue Termine bitte erfragen.

Fahrplan

Alstätte ab 15.00, 17.00,
Wessum an 15.19, 17.19;
Wessum ab 15.41, 17.41,
Alstätte an 16.00, 18.00.

Fahrpreise

Ef DM 5,–, Kinder 4–12 Jahre DM 3,–, Rf DM 10,–, Kinder DM 6,–. Fahrradtransport kostenlos.

Triebfahrzeuge

Diesellok „Alstätte" (Typ R 30 C, Jung, 1958).

Anfahrt

Mit der DB und der Westmünsterland-Bahn nach Ahaus, weiter mit dem Bus 781 nach Wessum Bf.
Mit dem Auto auf der A 31, Ausfahrt Legden/Ahaus. P am Bf.

Tourist-Information

Verkehrsverein, Schloßstraße 16a, 48683 Ahaus, Tel. 0 25 61/7 22 88 und 7 22 84, Fax 0 25 61/7 21 05.

1903 wurde die private Kleinbahn zwischen Ahaus und dem holländischen Enschede in Betrieb genommen. Heute, nachdem der niederländische Streckenteil abgebaut worden ist, endet die Bahn im deutschen Grenzbahnhof Alstätte. Die AAE Ahaus-Alstätter Eisenbahn führt hier einen regen Güterverkehr durch. Der Verein Euregio Eisenbahn, der noch eine, inzwischen abgestellte Diesellok, verschiedene Wagen, darunter einen amerikanischen Kriegsgüterwagen, und eine große Sammlung von Signalen gesammelt hat, fährt mit zwei Donnerbüchsen, Personenwagen 3. Klasse von 1905 und 1915 und Güterwagen verschiedener Art durch die münsterländische Parklandschaft.

Der Pengel-Anton bei der Ausfahrt aus Alstätte.

Weil an den vielen unbeschrankten Bahnübergängen gepfiffen und „gepengelt" – übersetzt heißt das: geläutet – wird, hat der Zug schon seit Anbeginn den Namen „Pengel-Anton". Er fährt als GmP, Güterzug mit Personenbeförderung. Ein Kiosk im Zug versorgt mit kleinen Speisen, Getränken und Souvenirs. Und wenn die Eisenbahner Klumpen – Holzschuhe – tragen, ist der alljährliche Klumpen-Spoor-Dag.

Teuto-Express

Regelspur 1435 mm

Eisenbahn-Tradition e.V., Drosselweg 8, 48268 Greven,
Tel. 0 54 81/8 29 14, Fax 0 25 75/85 09;
Fahrplaninformation, Kartenvorverkauf, Platzreservierungen:
Tourist-Information Tecklenburger Land e.V., Postfach 11 47,
49537 Tecklenburg, Tel. 0 54 82/70 38 10, Fax 0 54 82/70 38 88

Betriebstage

Manche So Mai – Okt., alle Advents-Wochenenden; Sonderfahrten. Genaue Termine bitte erfragen.

Fahrplan

Ibbenbüren-Aasee ab 10.00, 14.00, 17.30, Bad Laer an 11.10, 15.10, 18.35; Bad Laer ab 11,30, 15.30, Ibbenbüren-Aasee an 13.03, 17.25; Sept.: Ibbenbüren-Aasee ab 15.30 (eventuell Ibbenbüren DB-Bf 10 Minuten früher), Gütersloh-Nord an 17.47, Gütersloh-Nord ab 9.30, Ibbenbüren-Aasee an 12.20; Okt.: Ibbenbüren-Aasee ab 11.30, Gütersloh-Nord an 13.30; Sonderfahrplan zum „Steam & Truck Festival“ Bad Laer, für den Teddybär-Ferienexpress (Kinder mit Stofftieren fahren kostenlos mit!), auf der Strecke Ibbenbüren-Aasee nach Hafen-Saerbeck (an der Ems) und zu den Nikolausfahrten.

Fahrpreise

Ibbenbüren-Bad Iburg/Bad Laer Rf DM 24,–, nach Gütersloh-Nord Rf DM 38,–, Kinder 4 – 12 Jahre zahlen die Hälfte. Fahrradtransport ist kostenlos.

Triebfahrzeuge

Dampflok 38 1772 (preuß. P 8, 2’C h2, Schichau, 1915) und 50 3655 (1’E h2, Borsig, 1942, eine der 1959 – 1963 durch die DR der DDR umgebauten Loks der Baureihe 50), Dampfspeicherlok „Blitz“ (B nfl, Henschel, 1917, vom Drahtseilwerk Gempt, Lengerich), Dieseltriebwagen VT 03 (Gattung CPw, Wegmann, 1926, von der TWE Teutoburger Wald-Eisenbahn).

Anfahrt

Mit der DB zum Bf Ibbenbüren (15 Minuten zu Fuß zum TWE-Bf), Lengerich (gegenüber liegt der TWE-Bf), Gütersloh-Nord (5 Minuten zu Fuß zum TWE-Bf). Mit dem Auto auf der A 30, Ausfahrt Ibbenbüren; auf der A 1, Ausfahrt Lengerich/Tecklenburg; auf der A 2, Ausfahrt Gütersloh. P an den Bahnhöfen.

Tourist-Information

Tecklenburger Land e.V., Postfach 1147, 49537 Tecklenburg, Tel. 0 54 82/70 38 10, Fax 0 54 82/70 38 88.

Auf dem Streckennetz der TWE Teutoburger Wald-Eisenbahn AG, das eine Länge von 99,8 km hat, verkehren die Museumszüge der Eisenbahn-Tradition seit 1977. Personenzüge werden mit den zweiachsigen „Donnerbüchsen“ der 3. Klasse (Holzbänke) und der 2. Klasse (Plüschsitze) zusammengestellt; die Eilzüge haben vierachsige

Wagen aus den Jahren 1929–1937, nur der Salonwagen ist neu und stammt aus dem Jahr 1959.
Die Sonderfahrten mit dem „Pingelanton" (pingeln = läuten) von Osnabrück nach Mettingen und zurück werden auf den Schienen der Westfälischen Landes-Eisenbahn durchgeführt – wie auch die Weihnachts-Sonderfahrten Münster – Neubeckum und zurück. In allen Zügen ist ein Bistro-Café-Wagen.

Nikolaus und Knecht Ruprecht steigen in den Teuto-Express.

Museumseisenbahn Hamm

Regelspur 1435 mm

Hammer Eisenbahnfreunde im Verkehrsverein Hamm e.V., Museumseisenbahn Hamm, Postfach 26 11, 59016 Hamm, Tel. 0 23 81/2 34 00

Betriebstage

1. Juni-Sonntag, letzter Aug.-Sonntag und folgender Mo (Lippborger Kirmes), 1. Okt.-Sonntag. Sonderfahrten zu St. Martin, 8. Nov., und am Nikolaus-Wochenende; Kartenvorbestellung: Tel. 0 23 81/2 34 00 und 0 23 81/1 94 33. Weitere Sonderfahrten bitte erfragen.

Eisenbahnfeste

Das Streckenfest wird am 1. Juli-Wochenende gefeiert. Eine Sonderfahrt führt zum Warstein-Braufest im Sept.

Fahrplan

Hamm Süd ab 14.30,
Lippborg-Heintrop an 15.45
(bei der Kirmes 15.30);
Lippborg-Heintrop ab 16.45
(bei der Kirmes 18.30),
Hamm Süd an 18.00 (19.30).
St. Martin: Hamm Süd ab 15.30, an 18.00;
Nikolaus: Hamm Süd ab 14.00, an 16.30.

Fahrpreise

Rf 1. Klasse DM 18,–, 2. und 3. Klasse DM 14,–, Kinder DM 12,–/DM 9,–. Fahrradtransport DM 2,–.

Triebfahrzeuge

Dampflok „Radbod“ (C n2t, Hohenzollern, 1906), „Hermann Heye“ (B n2t, Jung, 1941) und 80 039 (C h2t, die letzte ihrer Baureihe, Hohenzollern, 1929, von der Ruhrkohle AG), Diesellok V 200 033 (B'B', Krauss-Maffei, 1956), 2 Köf (1933, 1959), Triebwagen VT 95 9122 (Deutz, 1953).

Anfahrt

Mit der DB bis Hamm Bf, dann 15 Minuten zu Fuß nach Hamm Süd. Mit dem Auto auf der A 2, Ausfahrt Hamm. P am Bf.

Tourist-Information

Verkehrsverein, Willy-Brandt-Platz 3, 59065 Hamm, Tel. 0 23 81/2 34 00.

Die Hammer Eisenbahnfreunde gründeten 1977 ihren Verein. 1983 wurde als Trägerverein die Museumseisenbahn Hamm gegründet, die seit 1990 ein sog. konzessioniertes Eisenbahnverkehrs- und Infrastrukturunternehmen ist, da etwa 4 km der befahrenen Strecke erworben wurden und unterhalten werden. Die anderen 15 km gehörten einst der mittelwestfälischen Stichbahn der Ruhr-Lippe-Eisenbahn, jetzt sind sie im Besitz der RLG Regionalverkehr Lippe GmbH.

Unsere Fahrt beginnt am RLG-Bf. Nach 7,5 km erreichen wir den Maximilianpark. Am Eingang zum Park ist der Bahnsteig, geschmückt mit alten Signalen und einem echten Wasserkran aus der Dampflokzeit, im Park ist das Regionale Eisenbahn-Museum.

Wir überqueren den Lippe-Seiten-Kanal und fahren ins Lippetal. Der nächste Haltepunkt liegt am Landgasthof in Vellinghausen-Ramesohl, Ausgangspunkt für viele Wanderer. Am Südufer der Lippe entlang bringt uns der Museumszug zur Endstation Lippborg. Der Bahnhof und der Güterschuppen bilden ein typisches Eisenbahn-Ensemble der 50er Jahre.

V 200 033 vor dem Museumszug.

51 DGEG-Museumszug im Ruhrtal

DGEG-Eisenbahn-Museum Bochum-Dahlhausen gGmbH,
Dr.-C.-Otto-Straße 191, 44879 Bochum,
Tel. 02 34/49 25 16, Fax 02 01/54 06 99

Betriebstage

Dampfzüge: Jeder 1. So April – Okt.
Diesellokfahrten: Termine bitte erfragen.
Pendelverkehr vom Bf Bochum-Dahlhausen zum Museum: Sonn- und Feiertage Mitte Jan. – Mitte Dez.
Nikolausfahrten nach Sonderfahrplan.

Eisenbahnfeste

Zwei „Museumstage" mit mehreren Dampfloks im Einsatz jeweils im Frühjahr und Herbst.
„Dämmerstunden" mit Dampfspektakel im Juni.
„Dampftage" an jedem 3. So April – Okt.
„Kindertage" in den Sommerferien.
Genaue Termine bitte erfragen.

Fahrplan

Dampfzüge und Diesellokfahrten:
Hattingen (Ruhr) ab 9.05, 11.05, 13.35, 15.35, 17.35;
Wengern-Ost an 9.50, 11.50, 14.20, 16.20, 18.20;
Wengern-Ost ab 10.05, 12.05, 14.35, 16.35, 18.35;
Hattingen (Ruhr) an 10.50, 12.50, 15.20, 17.20, 19.20.
Pendelverkehr zwischen Bf Dahlhausen und Museum: ab 10.16, letzte Rückfahrt 30 Minuten bevor das Museum schließt.

Fahrpreise

Ruhrtal: Ef DM 10,–, Kinder 4 – 11 Jahre 6,–, Rf DM 17,–, Kinder DM 10,–.
Fahrradtransport DM 2,–.
Pendelverkehr: Rf DM 3,–, Kinder DM 2,–.

Triebfahrzeuge

Dampflok 38 2267 (preuß. P 8, 2'C h2, 1918) und 146 BLE (Typ ELNA 2, 1'C h2, 1941), Diesellok V 36 231 (O & K, 1939) für die Abendfahrten, Wismarer Schienenbus (Waggonfabrik Wismar, 1936) für die Pendelfahrten.

Anfahrt

Mit der DB und der S-Bahn bis Bochum-Dahlhausen, weiter mit dem Schienenbus zum Museum, mit der S-Bahn nach Hattingen.
Mit dem Auto auf der A 40, Ausfahrt Bochum-Wattenscheid-West, auf der A 43, Ausfahrt Witten-Herbede, nach Dahlhausen oder Hattingen.
P am Museum und am Bf Hattingen.

Tourist-Information

Kommunalverband Ruhrgebiet,
Postfach 103264, 45032 Essen,
Tel. 02 01/20 69-0, Fax 02 01/20 69-500.

Wer mit dem Schienenbus, der seiner Form wegen liebevoll „Schweineschnäuzchen" genannt wird, ins Museum fährt, erlebt schon hier auf 2 km Streckenlänge ein Stück Eisenbahnhistorie. Seit 1977 fährt der Wismarer Schienenbus aus dem Jahr 1936 in das Eisenbahn-Museum Bochum-Dahlhausen, das von der DGEG, der Deutschen Gesellschaft für Eisenbahngeschichte e.V., als größtes privates Eisenbahn-Museum auf einer Fläche von 40 000 qm errichtet wurde. Das Museum ist geöffnet Mi und Fr 10 – 17 Uhr, Sonn- und Feiertage 10 – 13

bzw. 10 – 17 Uhr, an den Museumstagen 10 – 18 Uhr. Im Eintrittspreis von DM 6,50, Kinder 4 – 11 Jahre DM 3,50, ist ein Besuch des Historischen Bahnhofs Dahlhausen inbegriffen.
Ein anderes DGEG-Museum ist in Neustadt an der Weinstraße zu besichtigen. Seit 1981 werden von Hattingen, das von Dahlhausen bequem mit der S-Bahn zu erreichen ist, die Fahrten des Museumszuges im Ruhrtal durchgeführt. Die 18 km lange Strecke folgt dem Fluß. Unser Zug aus Wagen unterschiedlicher Epochen hat auch einen Barwagen, von dem aus wir einen Teil des Ruhrgebietes erleben – eine schöne Landschaft mit weitem Tal, bekränzt von sanften Hügeln. Der Zug macht Halt in Blankenstein Burg, Blankenstein Ruhr, Herbede, Ruine Hartenstein, Witten-Bommern, um nach 45 Minuten in Wengern-Ost anzukommen. Unterwegs haben wir rechts und links der Strecke Burg Blankenstein, die Wasserburg Haus Kemnade, den Kemnader See und die Ruine Hardenstein gesehen.

Der Museumszug im Ruhrtal.

52 Hespertalbahn

Regelspur 1435 mm

VEH Verein zur Erhaltung der Hespertalbahn e.V.,
Postfach 15 02 23, 45242 Essen, Tel. und Fax 02 01/64 43 82

Betriebstage

1. Mai – Mitte Okt. an verschiedenen Sa und So, Christi Himmelfahrt, Pfingsten; meistens Dampfbetrieb.

Fahrpreise

Rf DM 6,–, Kinder 4 – 12 Jahre DM 4,–; Ef DM 3,50, Kinder DM 2,50. Fahrradtransport kostenlos.

Triebfahrzeuge

Dampflok D 5 (C n2t, Jung, 1965, vom Kraftwerk Elverlingsen der Firma Elektromark Hagen) und Pörtingssiepen 7 (C n2t, Henschel 1923, von der Hespertalbahn), Diesellok V 2 (Bdm, Gmeinder, 1937, 311 281-0 der DB), V 3 (Bdh, Krupp, 1938, von der Zeche Rossenray), V 4 (Bdh, Deutz, 1956, von der Hafenbahn Köln) und V 9 (Bdh, Henschel, 1957, von den Mannesmann-Röhrenwerken Mülheim-Styrum).

Eisenbahnfeste

Am letzten Juli-Wochenende wird das Lokfest auf der Hespertalbahn mit mehreren Dampf- und Dieselloks im Einsatz, mit Fahrzeugausstellung und Sonderfahrplan veranstaltet.

Anfahrt

Mit der DB über Essen Hbf nach Essen-Kupferdreh, 3 Minuten Fußweg zum Alten Bahnhof. Mit dem Auto auf der A 52, Ausfahrt Essen-Bergerhausen, auf der B 227 nach Kupferdreh. P am Bf.

Fahrplan

Essen-Kupferdreh ab 10.30, 11.45, 13.00, 14.15, 16.45, 17.45; Fahrtzeiten 17 Minuten; Haus Scheppen ab 11.00, 12.15, 13.30, 14.45, 16.00, 17.15, 18.15; Fahrtzeiten 22 Minuten.

Tourist-Information

Am Hauptbahnhof 2, 45127 Essen, Tel. 02 01/1 94 33.

Von 1877 bis zur Stillegung 1972 diente die Hespertalbahn der Zeche Pörtingssiepen als Grubenanschlußbahn mit Personenverkehr. Der Verein zur Erhaltung der Hespertalbahn wurde 1975 gegründet und betreibt den Museumszug zwischen Kupferdreh und Haus Scheppen am Baldeneysee. Auf der 3,5 km langen Strecke liegt noch die Zementfabrik als Haltepunkt. Dann fahren wir, im Wilhelmshavener Wagen sitzend (Steinfurth, 1941, im Dienst bei der Wilhelmshavener Vorortbahn und der Westfälischen Landeseisenbahn), am Ufer des Baldeneysees entlang. Dieser Ruhr-Stausee, 10 km lang und bis zu 650 m breit, entstand 1931 – 1933 und ist heute ein Ausflugs- und Erholungsgebiet. Kurz vor dem Haus Scheppen am Südufer des Sees, einem ehemaligen Lehnsgut, dessen Gebäudeteile aus dem 17. Jahrhundert stammen, blicken wir nach links ins Hespertal hinauf. Im Zug werden Imbisse und Getränke serviert.

Lokparade der Hespertalbahn.

Bergische Museums-Straßenbahn

Spurweite 1000 mm

BMB Bergische Museumsbahnen e.V.,
Elektrische Straßenbahn Kohlfurth-Cronenberg, Postfach 13 19 36,
42046 Wuppertal, Tel. 02 02/78 58 89, Fax 02 02/7 86 60 79;
Betriebshof: Kohlfurther Brücke 57, 42349 Wuppertal,
Tel. 02 02/47 02 51 (während der Öffnungszeiten), Fax 02 02/4 78 16 38

Betriebstage

2. April-Sonntag, 2. Mai-Sonntag, Pfingsten, 2. und 4. Juni-Sonntag, 2. Juli-Sonntag, 2. und 4. Aug.-Sonntag, 2. und 4. Sept.-Sonntag, 2. Okt.-Sonntag. Nikolausfahrten im Dez. Museums-Öffnungszeiten: jeden Sa, Mai – Okt. sonn- und feiertags, 11 – 17 Uhr.

Straßenbahnfest

Das große „Bergische Straßenbahnfest“ mit Informationsständen vieler Verkehrsbetriebe und Vereine, mit Musik, Speisen und Getränken wird zu Pfingsten gefeiert.

Fahrplan

Kohlfurther Brücke ab
10.40, 12.00, 14.00, 16.00, 17.20;
Greuel an jeweils nach 14 Minuten Fahrtzeit;
Greuel ab 11.00, 12.20, 14.20, 16.20, 17.40;
Kohlfurther Brücke an
jeweils nach 14 Minuten Fahrtzeit.

Fahrpreise

Ef DM 4,–, Rf DM 6,–, Tageskarte DM 10,–, Kinder bis 10 Jahre fahren kostenlos, 11 – 16 Jahre zahlen die Hälfte. Fahrradtransport von 2 Fahrrädern ist möglich.

Triebfahrzeuge

Triebwagen 107 (1936, von der Rheinischen Bahngesellschaft Düsseldorf), 105 (1927, von den Bergischen Kleinbahnen/Wuppertaler Stadtwerken), 337 (1957, von der Hagener Straßenbahn) und 275 (1957, von der Bochum-Gelsenkirchener Straßenbahn).

Anfahrt

Mit der DB bis Wuppertal oder Solingen, weiter mit dem City-Express bis Kohlfurth/Kohlfurther Brücke.
Mit dem Auto auf der A 1, Ausfahrt Remscheid, oder auf der A 46, Ausfahrt Sonnborner Kreuz.

Tourist-Information

Pavillon Döppersberg,
42103 Wuppertal, Tel. 02 02/1 94 33.

Der Verein, 1969 gegründet, sammelt Straßenbahnen und alles, was mit deren Betrieb zusammenhängt. Seit 1992 fahren die alten Straßenbahnen wieder durch das Kaltenbachtal, ein schönes Landschaftsschutzgebiet zwischen Wuppertal und Solingen. Die Fahrt geht von der Kohlfurther Brücke über Unterkohlfurth, Petrikshammer, Friedrichshammer und Kaltenbach nach Greuel auf der Strecke der ehemaligen Straßenbahnlinie 5. Das 3,2 km lange Teilstück soll erweitert werden bis nach Möschenborn.

Fahrt durchs Kaltenbachtal.

54

Wupper-Talbahn

Regelspur 1435 mm

BME Bergisch-Märkische Eisenbahn –
Förderverein Wupperschiene e.V., Postfach 13 22 35, 42049 Wuppertal,
Tel. 02 02/44 61 53, Fax 02 02/45 61 22;
Heimatbahnhof Radevormwald-Dahlhausen,
Tel. 0 21 91/66 96 36 (Sa ab 10 Uhr).

Betriebstage, Fahrplan, -preise

Bitte ab dem Jahr 2000 erfragen. Schon heute ist der Museumsbahnhof Dahlhausen (Wupper) jeden Sa ab 10 Uhr geöffnet, die Fahrzeuge können gegen eine Spende besichtigt werden, im Bücherbahnwagen werden Literatur und Souvenirs feilgeboten.

Anfahrt

Mit der DB bis Wuppertal-Oberbarmen, weiter mit Bus 626 bis Dahlhausen. Mit dem Auto auf der A 1, Ausfahrt Wuppertal-Langerfeld, weiter auf der L 414 Richtung Radevormwald. P am Bf Dahlhausen.

Triebfahrzeuge

Dampflok T 3 („Cöln 1770“, „Elberfeld 1787“, C n2, Henschel 1883), Diesellok V 01 (von der Firma Barmag, Remscheid-Lennep) und Köf 323 (aus den 50er Jahren).

Tourist-Information

Pavillon Döppersberg,
42103 Wuppertal,
Tel. 02 02/1 94 33.

Die Eisenbahnfreunde der Wupperschiene, die sich 1989 zusammengefunden haben, konnten die teilweise stillgelegte und vom Abbau bedrohte über 100jährige Bahnlinie von Wuppertal nach Wilhelmstal längs der Wupper retten. Die Strecke von Beyenburg nach Wilhelmstal, 8 km lang, ist angekauft und unter Denkmalschutz gestellt worden. Die Gleisanlagen werden überholt und gepflegt, die historische Signaltechnik ist wieder aufgebaut, die Fahrzeuge sind überholt. Wenn der Museumszug ab dem Jahr 2000 fahren wird, zieht die ehrwürdige und tüchtige T 3 die historischen Wagen, zu denen auch ein Buffetwagen gehört und ein Packwagen für Fahrräder, von Wuppertal-Beyenburg nach Radevormwald-Wilhelmstal.

Die T 3 in ihrem Heimat-Bf.

Zuerst verläuft die Strecke am Beyenburger Stausee entlang. Weiter geht es dem Lauf der Wupper entgegen und über Dahlerau und Dahlhausen nach Wilhelmstal, wo die Wupper-Talsperre sich ausbreitet. Auf der Fahrt durch die schöne Tallandschaft werden wir viele historische Fabrikgebäude, Arbeiterwohnhäuser und Bahnhöfe sehen, ein Stück Industriegeschichte durchfahren.
In Vorbereitung ist die Fortführung der Strecke von Beyenburg nach Wuppertal-Oberbarmen zum DB-Schienennetz.

Sauerländer Kleinbahn

Schmalspur 1000 mm

M.M.E. Märkische Museums-Eisenbahn e.V.,
Postfach 13 46, 58813 Plettenberg, Tel. und Fax 0 23 91/1 30 35;
Sauerländer Kleinbahn, Elsetalstraße 46,
58849 Herscheid-Hüinghausen, Tel. 0 23 57/46 37 (an Betriebstagen)

Betriebstage

1. Mai-Sonntag, Pfingsten, 1. Juni-Sonntag, 1. und 3. Juli-Sonntag, 1. und 3. Aug.-Sonntag, 2. Sept.-Sonntag (Tag des offenen Denkmals), 1. Okt.-Sonntag, 1. Advents-Wochenende (Pendelfahrten zum Weihnachtsmarkt in Köbbinghausen), 2. Advents-Wochenende (Nikolausfahrten, Karten im Vorverkauf).

Eisenbahnfeste

Anfang Mai werden die Saisoneröffnung und Mitte Aug. ein Kinderfest gefeiert. Im Sept. lockt ein Modellbahn-Flohmarkt nach Hüinghausen.

Fahrplan

Hüinghausen ab 11.40, stündlich bis 17.40, Köbbinghauser Hammer an jeweils nach 14 Minuten Fahrtzeit; Köbbinghauser Hammer ab 12.06, stündlich bis 18.06, Hüinghausen an jeweils nach 14 Minuten Fahrtzeit.

Fahrpreise

Ef DM 3,–, Kinder 4–12 Jahre DM 2,–; Rf DM 6,–, Kinder DM 3,50; Tageskarte DM 10,–, Kinder DM 5,–. Fahrradtransport ist möglich.

Triebfahrzeuge

Dampflok „Bieberlies“ (C n2t, Henschel, 1923, von der Kleinbahn Gießen-Bieber) und „Phoenix“ (B n2t, Henschel, 1950, in Rekonstruktion), Diesellok V 3 „Nahmer“ (Bdh, O & K, 1960) und Diesellok V 6 „Zukunft“ (Bdh, Krupp, 1957).

Anfahrt

Mit der DB bis Plettenberg, weiter mit dem MVG-Bus 54 nach Hüinghausen. Mit dem Auto auf der A 45, Ausfahrt Lüdenscheid-Süd. P am Bf.

Tourist-Information

Touristikzentrale Sauerland, Postfach 1460, 59917 Brilon, Tel. 0 29 61/94 32 29, Fax 0 29 61/94 32 47.

Der Museumszug bei Köbbinghausen.

In den 50er und 60er Jahren unseres Jahrhunderts wurde eine Sauerländer Kleinbahn nach der anderen stillgelegt, so gelangten etwa einige Fahrzeuge der KAE Kreis Altenaer Eisenbahn und der PKB Plettenberger Kleinbahn damals zur Inselbahn Juist. Aber auch diese wurde 1982 stillgelegt.
Der Verein der M.M.E., 1982 gegründet, konnte die Fahrzeuge von der Insel wieder ins Sauerland bringen. Und als 1983 die letzte der schmalspurigen Kleinbahnen in der Region, die HKB Hohenlimburger Kleinbahn im Nahmertal, ihren Betrieb einstellte, kamen mehrere Wagen und die Diesellok „Nahmer“ zur Sauerländer Kleinbahn.
Neue Gleise wurden verlegt, und der Verkehr findet jetzt auf der 2,3 km langen Strecke zwischen Hüinghausen und Köbbinghauser Hammer statt. Weitere 3 km nach Plettenberg sind in Planung und Aufbau.

56

Dampf-Kleinbahn Mühlenstroth, Gütersloh

Schmalspur 600 mm

DKBM Dampf-Kleinbahn Mühlenstroth e.V.,
Westfälisches Kleinbahn- und Dampflokmuseum, Postdamm 1 66,
33334 Gütersloh, Tel. 0 52 41/6 84 66, Fax 0 52 05/95 05 52

Betriebstage

1. Mai, jeder Sonn- und Feiertag im Mai, die ersten 3 So und alle Feiertage im Juni, jeder 1. und 3. So Juli–Sept., 1. So im Okt. Am Nikolaus-Wochenende Nikolausfahrten.

Triebfahrzeuge

Dampflok „Richard Rosen“ (D n2t, Henschel, 1917), „Gustav“ (B n2t, Chrzanow, 1949), „Mecklenburg“ (D n2, O & K, 1934), „Philip S.“ (B n2t, Henschel, 1913), „Bielefeld“ (C n2t, Henschel, 1942), weitere Loks abgestellt, in Hauptuntersuchung oder ausgeliehen zu anderen Museumseisenbahnen; dazu 7 Dieselloks (1939–1962).

Fahrplan

Im 15-Minuten-Abstand 10.30–12.30 und 14.30–18.00 Uhr.

Anfahrt

Mit der DB bis Gütersloh Hbf, weiter mit dem Bus Berliner Straße. Mit dem Auto auf der A 2, Ausfahrt Gütersloh. P Postdamm.

Fahrpreise

Ef DM 2,50, Rf DM 3,80, 5er Karte Ef DM 9,80, Kinderermäßigung.

Tourist-Information

Verkehrsverein (Info-Zentrum), Berliner Straße 70, 33330 Gütersloh, Tel. 0 52 41/82 27 49, Fax 0 52 41/82 21 39.

„Gustav“ bei der Einfahrt in Mühlenstroth.

Die Kleinbahn auf dem Gelände des Gasthofes Mühlenstroth fährt auf einer etwa 800 m langen Strecke, die mit den typischen Einrichtungen früherer Kleinbahnen ausgestattet ist. So gibt es nicht nur einen Lokschuppen, sondern auch historische Signaleinrichtungen. Die zahlreichen Dampfloks waren früher auf der Mecklenburg-Pommerschen Schmalspurbahn, der Waldeisenbahn Muskau, bei Kleinbahnen in Polen und Java sowie bei Industriebetrieben und Baustellen im Dienst. Dank der vielen Wagen, die hier gesammelt wurden und werden, lassen sich auch Güterzüge mit Personenbeförderung (GmP) historisch getreu zusammenstellen.

Museums-Eisenbahn Minden

Regelspur 1435 mm

MEM Museums-Eisenbahn Minden e.V.,
Postfach 11 01 31, 32404 Minden, Tel. 05 71/5 83 00, Fax 05 71/5 30 40

Betriebstage

Mindener Kreisbahnen:
Ostern, 2. So im Mai und Juni,
2. und 4. So Juli und Aug., 2. So Sept. und Aug.
Wittlager Kreisbahn:
1. Mai, 1. So Mai-Okt.
Rahden – Uchte:
Verschiedene So Mai – Okt.,
genaue Termine bitte erfragen.

Fahrplan

Mindener Kreisbahnen:
Minden-Oberstadt ab 10.15,
Kleinenbremen an 11.05;
Kleinenbremen ab 11.20,
Minden-Oberstadt an 12.10;
Minden-Oberstadt ab 13.30, 16.15,
Hille an 14.25, 17.00; Hille ab 14.45, 17.15,
Minden-Oberstadt an 15.30, 18.00.

Wittlager Kreisbahn:
Holzhausen-Heddinghausen ab 13.05, 17.50,
Preuß. Oldendorf an 13.18, 18.05;
Preuß. Oldendorf ab 10.15, Bohmte an 11.00;
Preuß. Oldendorf ab 13.30,
Schwegermoor an 15.04.
Bohmte ab 11.20, Preuß. Oldendorf an 12.05;
Schwegermoor ab 15.50,
Preuß. Oldendorf an 17.25;
Preuß Oldendorf ab 12.40, 17.30,
Holzhausen-Heddinghausen an 12.55, 17.45.

Rahden – Uchte:
Rahden ab 9.30, 13.00, 16.00,
Uchte an 10.32, 14.02, 17.02;
Uchte ab 11.00, 14.30, 17.30,
Rahden an 11.58, 15.28, 18.28.

Fahrpreise

Mindener Kreisbahnen: Rf DM 16,–.
Wittlager Kreisbahn: Rf DM 20,–.
Rahden – Uchte: Rf DM 16,–.
Kinder 3 – 14 Jahre zahlen die Hälfte.
Fahrradtransport ist kostenlos.

Triebfahrzeuge

Mindener Kreisbahnen:
Dampflok „Stettin 7906“
(preuß. T 13, Baureihe 92, D n2t, Union, 1912).

Wittlager Kreisbahn:
Dampflok 86 744 (1’D1’ h2, O & K, 1942).

Rahden – Uchte:
Schienenbus-Garnitur VT 98 (MAN, 1959/1962)
oder Triebwagen T 2 (Uerdingen, 1953, von der Moerser Kreisbahn) mit Beiwagen.

Anfahrt

Mit der DB bis Minden Hbf, dann zu Fuß zum MEM-Bf in Minden-Oberstadt. Mit der DB (und der KBS) bis Bohmte und Rahden.
Mit dem Auto auf der A 2,
Ausfahrt Porta Westfalica, nach Minden,
Ausfahrt Bünde nach Holzhausen-Heddinghausen und auch nach Rahden.
P an den Bahnhöfen.

Tourist-Information

Mühlenkreis Minden-Lübbecke,
Postfach 2580, 32382 Minden,
Tel. 05 71/8 07-0, Fax 05 71/8 07-2700.

Seit 1977, dem MEM-Gründungsjahr, werden Dampfzugfahrten von Minden und um Minden herum durchgeführt. Das museale Konzept gilt dem Aufbau eines typischen Preußischen Nebenbahn-Zugs, wie er stilgerecht auf den zwei je 16 km langen

57

Strecken der Mindener Kreisbahnen nach Kleinenbremen und nach Hille in die andere Richtung unterwegs ist. Der typische Reichsbahn-Nebenbahn-Zug ist auf der 33 km langen Strecke der Wittlager Kreisbahn in Dienst. Auf der 25 km langen DB-Strecke Rahden – Uchte fährt der Schienenbus oder der Triebwagen – wie seit den 50er Jahren. Auch einen richtigen Kleinbahn-Zug hat der Verein zusammengestellt. So können wir in historisch getreuen Zügen unsere Fahrten unternehmen. Für Speisen und Getränke ist gesorgt.

Wenn wir nach Hille fahren, können wir in Specken aussteigen, die Windmühle von Südhemmern besichtigen, wandern, radfahren, mit dem Schiff auf dem Mittellandkanal nach Minden zurückfahren – oder den nächsten Zug nehmen.

Auf der anderen Strecke fahren wir am Wesergebirge entlang, passieren Nammen, und können in Kleinenbremen ein Besucherbergwerk besichtigen. Die Fahrt nach Schwegermoor über Preuß. Oldendorf, Bad Essen und Bohmte führt uns erst am Wiehengebirge entlang und dann nach Norden ans Große Moor.

Die letzte Fahrt, Rahden – Uchte, geht entlang eines anderen Moors, das auch das Große heißt. Wir halten in Hahnenkamp (Rüter), Lavelsloh-Diepenau, Bohnhorst und Warmsen. Bei dieser Strecke – wie bei allen anderen der Museums-Eisenbahn Minden – ist von jedem Haltepunkt eine erlebnisreiche Wanderung oder Radtour durch die schöne Landschaft zu empfehlen.

Die „Stettin 7906" auf den Schienen der Mindener Kreisbahn.

Landeseisenbahn Lippe

Regelspur 1435 mm

LEL Landeseisenbahn Lippe e.V. – Freundeskreis der Extertalbahn, Am Bahnhof 1, 32699 Extertal, Tel. und Fax 0 52 62/4 09 70

Betriebstage

So Anfang oder Mitte des Monats von Juni bis Okt.; zusätzliche Betriebstage für Elektro- und Dieselbetrieb, auch für Nikolausfahrten. Genaue Termine bitte erfragen.

Triebfahrzeuge

Dampflok 93 1410 (1'D1' h2, 1927, von der ÖBB), Diesellok V 91 (1955) und Köf 323 (1965), E-Lok 21 und 22 (Hansa, 1927).

Fahrplan

Rinteln-Süd ab 11.45, 16.00,
Barntrup an 13.45, 17.58;
Barntrup ab 14.00,
Rinteln-Süd an 15.40,
zusätzliche Züge Barntrup-Bösingfeld und Bösingfeld – Rinteln Süd.
Genaue Termine bitte erfragen.

Anfahrt

Mit der DB bis Rinteln-Nord.
Mit dem Auto auf der A 2, Ausfahrt Bad Eilsen-Ost.
P am Bf Rinteln-Süd.

Fahrpreise

Ef DM 13,–, Rf DM 19,–,
Kinder bis 14 Jahre zahlen die Hälfte.
Fahrradtransport ist kostenlos.

Tourist-Information

Verkehrsverein, 31737 Rinteln,
Tel. 0 57 51/1 94 33.

Seit 1927 gibt es die Strecke der Extertalbahn, und seit 1989 fährt die Landeseisenbahn mit historischen Dampf-, Diesel- und Elektrozügen durch ein schönes Stück Lipper Land.

Wir besteigen den Zug in Rinteln-Süd und nehmen in einem der DB-Umbauwagen, in einer „Donnerbüchse“ oder einem Plattformwagen Platz. Zum Verzehr können wir zwischen Bockwürsten und Kuchen, zum Trinken zwischen verschiedenen kalten und heißen Getränken wählen. Hinter Krankenhagen überqueren wir die Exter, deren Lauf wir nun folgen. Links und rechts der insgesamt 23,3 km langen Strecke ragen die Hügel des Weserberglandes auf. Wir kommen in Bösingfeld an und haben etwa eine halbe Stunde Aufenthalt, dann geht die Fahrt weiter, durch Alverdissen hindurch. Der Zug überquert zum letzten Mal die Exter, die hier zwischen Teutberg und Bromberg entspringt. Wir fahren durch die Helle und gelangen nach Barntrup.

Die E-Lok von 1927 vor der Diesellok V 91.

59 Hessencourier

Regelspur 1435 mm

Hessencourier (Arbeitskreis Historischer Zug Kassel) e.V., Kaulenbergstraße 5, 34131 Kassel, Tel. 05 61/3 59 25

Betriebstage

Ostern, Himmelfahrt, Pfingsten, jeden 2. und 3. So Mai – Sept., 2. So im Okt., Teddybärfahrt im Sept., Nikolausfahrten und Fahrten zu den Weihnachtsmärkten in Naumburg (Hessen) und Bad Emstal. Jeden 2. So Juni – Sept. Naumburg – Bad Emstal.

Eisenbahnfeste

Am 1. Mai ist Eisenbahntag im Bf Kassel-Wilhelmshöhe Süd mit Pendelfahrten nach Baunatal.

Fahrplan

Kassel-Wilhelmshöhe Süd ab 10.30 oder 13.40 (bitte erfragen, welche Abfahrtszeit jeweils gilt), Naumburg (Hessen) an 12.10 oder 15.15; Naumburg ab 17.00 oder 17.30, Kassel-Wilhelmshöhe Süd an 18.30 oder 19.00. Naumburg ab 15.00, Bad Emstal an 15.20; Bad Emstal ab 15.40, Naumburg an 16.00.

Fahrpreise

Kassel – Naumburg Rf DM 24,–, Kinder 4 – 12 Jahre DM 13,–; Kassel – Emstal Rf DM 21,–, Kinder DM 11,–; Naumburg – Emstal Rf 10,–, Kinder DM 5,–. Fahrradtransport in jedem Zug.

Triebfahrzeuge

Dampflok HC 4 (52 4544, 1'E h2, Cegielski, Posen, 1944), HC 5 (B n2t, Henschel, 1952, von der Firma Edelstahl Witten), HC 7 (50 3691, 1'E h2, Wiener Lokfabrik, 1941), dazu einige Kleinloks.

Anfahrt

Mit der DB bis Kassel-Wilhelmshöhe, etwa 10 Minuten zu Fuß bis Wilhelmshöhe-Süd. Mit dem Auto auf der A 44, Ausfahrt Kassel-Wilhelmshöhe. P am Bf.

Tourist-Information

Am Königsplatz 53, 34117 Kassel, Tel. 05 61/7 07 71 63; Kurverwaltung, Postfach 20, 34309 Naumburg, Tel. 0 56 25/79 09 15, Fax 0 56 25/79 09 50.

Der Hessencourier mit Lok 52 4544 am Mattenberg bei Kassel.

Seit 1972 fährt der erste hessische Museumszug, der seinen Namen „Hessencourier" deshalb mit Stolz und Recht trägt, weil die meisten Fahrzeuge einst auf hessischen Bahnen fuhren oder in Kassel gebaut wurden. Die Strecke zwischen Wilhelmshöhe und der hessischen Kleinstadt Naumburg ist 33 km lang; davon nimmt der Schienenweg der Kassel-Naumburger Eisenbahn 10 km ein, die anderen 23 km sind vom Verein gepachtet.

Die Fahrt geht durch den Naturpark Habichtswald im nordhessischen Bergland, wobei große Steigungen überwunden werden müssen: Von 230 m geht es auf eine Höhe von 403 m. Wer unterwegs Hunger und Durst verspürt, greift zum „Magenfahrplan", der Getränke aller Art und hessische Wurst- und Käsespezialitäten, auch Schmalzbrot mit Gurke, anbietet.

Frau Holle Express, Walburg

Regelspur 1435 mm

EfW Eisenbahnfreunde Walburg H.N.e.V., Bahnhofstraße 5, Bahnmeisterei, 37235 Hessisch Lichtenau/Walburg, Tel. und Fax 0 56 02/38 80

Betriebstage

Ostern, Mitte Mai (Schienenbustreffen) und Ende Aug. (Sommerfest), außerdem nach Vorbestellung. Öffnungszeiten des Erlebnisbahnhofs: Ostern – Ende Okt. Sa 13 – 19 Uhr, So 11 – 19 Uhr.

Eintrittspreise

DM 2,–, Vorschulkinder frei.

Triebfahrzeuge

Schienenbus (VT 796 mit Steuerwagen VS 996 und Beiwagen), verschiedene Klein- und Rangierloks.

Eisenbahnfeste

Am Wochenende Mitte Mai findet das große Schienenbustreffen statt, am letzten Aug.-Wochenende wird das Sommerfest gefeiert.

Anfahrt

Mit dem Auto auf der A 7, Ausfahrt Kassel-Ost. P am Bf Walburg.

Fahrplan & Fahrpreise

Bitte erfragen

Tourist-Information

Stadtverwaltung, Rathaus, 37235 Hessisch Lichtenau, Tel. 0 56 02/80 70.

Im Märchenreich der Frau Holle, am Fuße von Hessens höchstem Berg, dem Hohen Meißner, liegt der Erlebnisbahnhof Walburg. Der Verein der Eisenbahnfreunde, 1993 gegründet, hat hier nach der Stillegung 1985 schon Beachtliches geleistet. Fahrzeuge werden gesammelt, die Bahnhofsanlagen, auch Gleise und Signale, wurden wieder errichtet und werden ausgebaut. Ein Besuch des Bahnhofs ist ein Erlebnis im Eisenbahnland, für Gruppen werden einstündige Führungen veranstaltet. Und mit dem „Frau Holle Express" erfahren wir die märchenhafte Landschaft Nordhessens.

Der Frau Holle Express.

61 Wasserturm-Express, Bebra

Schmalspur 600 mm

EFB Eisenbahnfreunde Bebra e.V., Eisenbahnmuseum – Museumseisenbahn, Am Wasserturm 1, 36179 Bebra, Tel. 0 66 23/79 64, Fax 0 66 21/7 18 70

Betriebstage

Anfang April bis Ende Sept. oder Anfang Okt., Nikolausfahrten Anfang Dez.

Eisenbahnfeste

Im Sommer wird unter dem Wasserturm gefeiert. Genaue Termine bitte erfragen.

Fahrplan

10 – 17 Uhr im Viertelstundentakt. Nikolausfahrten alle 10 Minuten.

Fahrpreise

Eine Fahrt mit zwei Runden DM 2,–, Dreierkarte DM 5,–, Dampfzuschlag je Fahrt DM 1,–; Nikolausfahrten pro Person DM 3,–, und jeder Fahrgast erhält vom Nikolaus ein Geschenk.

Triebfahrzeuge

6 Dieselloks (Güldner; Deutz OMZ 117; Deutz MLH 714; Deutz OME 117; Jung EL 105; Ruhrthaler D 28 Z). An manchen Betriebstagen kommen Gastloks, auch Dampfloks, zum Einsatz.

Anfahrt

Mit der DB bis Bebra Bf, Ausgang Gilfershäuser Straße, 700 m Fußweg nach Osten. Mit dem Auto auf der A 5, Ausfahrt Bad Hersfeld, auf der B 27 nach Bebra.

Tourist-Information

Fremdenverkehrsamt, Rathaus, 36179 Bebra, Tel. 0 66 22/50 11 24.

In der Eisenbahnstadt Bebra wurde 1985 der Verein gegründet, der den 1910 erbauten Wasserturm 1988 erhielt, um hier seine Exponate ausstellen zu können. Inzwischen hat der Verein so viele Ausstellungsstücke angesammelt, daß demnächst ein weiteres Ausstellungsgebäude errichtet werden wird.

Der Wasserturm-Express.

Von 1990 bis 1993 wurde die Schmalspurstrecke in einer Länge von 668 m errichtet; bis zum Jahr 2000 werden weitere 700 m dem Betrieb übergeben werden können. Auf der Strecke verkehrt der Wasserturm-Express mit seinen Untertage-Personenwagen und dem offenen Sommerwagen. Beim Foto-Güterzug hat die Lok verschiedene Loren, Hunte, Kessel- und Güterwagen am Haken. Auch Fahrten mit dem Schienenfahrrad sind möglich.

Museumseisenbahn Schwalm-Knüll

Regelspur 1435 mm

Eisenbahnmuseum – Museumseisenbahn, Eisenbahnfreunde Schwalm-Knüll e.V., Am langen Berg 18, 34560 Fritzlar, Tel. 0 56 22/91 51 73 und 0 56 61/87 00, Fax 0 56 22/91 51 74

Betriebstage & Fahrplan

Bitte erfragen.

Eisenbahnfeste

Mitte Aug. wird im Bw Treysa ein Dampflokfest gefeiert.

Fahrpreise

Treysa – Homburg/Efze Rf DM 15,–, Kinder bis 12 Jahre DM 8,–; Treysa – Oberaula Rf DM 20,–, Kinder DM 10,–. Fahrradtransport kostenlos.

Triebfahrzeuge

Dampflok 52 8106-8 und eine Lok der Baureihe 50 (1'E h2, Umbauloks der DR der DDR), Schienenbus VT 98 9766.

Anfahrt

Mit dem Auto auf der A 49 bis zum Ende, auf der A 5 bis Kirchheimer Dreieck, Ausfahrt auf die B 454, oder auf der A 7, Ausfahrt Homburg/Efze. P am Bf.

Tourist-Information

Verkehrsbüro der Schwalm, 34613 Schwalmstadt, Tel. 0 66 91/7 12 12.

Treysa war Eisenbahnknotenpunkt an der Main-Weser-Bahn. Im ehemaligen Bw Treysa mit Lokschuppen und Drehscheibe ist das Eisenbahnmuseum in Aufbau, das schon jetzt ein lebendiges Bild der Eisenbahngeschichte bietet.

Hier befindet sich auch der Museumsbahnhof, von dem aus die bewirtschafteten Züge auf Fahrt gehen. Die eine Strecke führt in den Südosten ins 34 km entfernte Oberaula. Auf einer großen Doppelschleife wird auf 19,9 km ein Höhenunterschied von 192 m überwunden. Blicken wir aus dem Fenster, sehen wir auf der linken Seite die Höhen des Knüllgebirges. Die andere Strecke geht in den Nordosten, wir sehen rechts das Knüllgebirge, ins 20 km entfernte Homburg an der Efze.

Auf dem Museumsbahnhof.

63 Feld- und Grubenbahn Solms-Oberbiel

Schmalspur 600 mm

Förderverein Besucherbergwerk Fortuna e.V., Lahnstraße 35, 35578 Wetzlar, Tel. 0 64 41/4 77 72;
FGF Feld- und Grubenbahnmuseum Grube Fortuna, 35606 Solms-Oberbiel, Tel. 0 64 43/8 24 60, Fax 0 64 43/20 43

Betriebstage

7–8 Fahrtage von Mai bis Okt., dazu Nikolaus- und Winterfahrten; genaue Termine bitte erfragen. Das Besucherbergwerk Grube Fortuna ist von März bis Nov., Di–Fr 9–16 Uhr, Sa und So 9–17 Uhr geöffnet, das Feld- und Grubenbahnmuseum März–Sept. Sa 10–16 Uhr.

Eisenbahnfeste

Besondere Veranstaltungen mit Fahrbetrieb, z.B. Borgward-Treffen, Schau historischer landwirtschaftlicher Fahrzeuge, Bergmannsfest; genaue Termine bitte erfragen.

Fahrplan

Regelmäßige Fahrten während der Fahrtage.

Fahrpreise

Kleinbahnzug: DM 4,–; Grubenzug: DM 2,–; Kinder zahlen die Hälfte; Eintritt ins Museum DM 1,–.

Triebfahrzeuge

Kleinbahn: Dampf- und Diesel-Feldbahnloks; Grubenzug: Dieselloks.

Anfahrt

Mit dem Auto auf der A 480, Ausfahrt Aßlar (bei Wetzlar), auf der B 49 über Oberbiel. P an der Grube Fortuna.

Tourist-Information

Fremdenverkehrsamt, Domplatz 8, 35578 Wetzlar, Tel. 0 64 41/9 93 38.

Der Kleinbahnzug der Grube Fortuna.

Mit einem offenen und einem geschlossenen Wagen fährt die Kleinbahn über das Zechengelände und in das obere Grundbachtal. 1,4 km ist die Strecke lang. Wer mit der Grubenbahn fahren will, muß zuerst mit dem Förderkorb bis zur 150-m-Sohle abfahren. Die Grubenbahn mit kleinen geschlossenen Wagen führt in den alten Abbaubereich, wo die Erzgewinnung mit Originalmaschinen gezeigt wird.

Die Gaststätte „Zum Zechenhaus“ auf dem Grubengelände sorgt für das leibliche Wohl.

Wetteraufahrten

Regelspur 1435 mm

EFW Eisenbahnfreunde Wetterau e.V.,
Postfach 12 12, 61212 Bad Nauheim,
Tel. und Fax 0 60 31/1 54 01, Fax für Fahrplanversand 0 60 32/8 13 43

Betriebstage

1. Mai – Ende Okt.; Nikolausfahrten. Genaue Termine bitte erfragen.

Eisenbahnfeste

Die EFW hat die wohl größte Draisinen-Sammlung und veranstaltet einmal im Jahr das „Deutsche Draisinen-Treffen"; auch für das Bahnhofsfest sind die Termine zu erfragen.

Fahrplan

Bitte bei EFW erfragen.

Fahrpreise

Ef DM 10,–, Kinder 4 – 11 Jahre DM 6,–, Rf DM 18,–, Kinder DM 10,–. Fahrradtransport ist möglich.

Triebfahrzeuge

Dampflok EFW 1 (preuß. T 3, Typ „Bismarck", C n2, Henschel, 1904, von der Marburger Kreisbahn), Diesellok V 13 (von der BLE Butzbach-Licher Eisenbahn).

Anfahrt

Mit der DB bis Bad Nauheim Bf, dann durch den Fußgängertunnel zum Bf Bad Nauheim/Nord. Mit dem Auto auf der A 5, Ausfahrt Bad Nauheim/Butzbach-Süd. P am Bf Bad Nauheim/Nord.

Tourist-Information

Wetteraukreis, Europaplatz, 61169 Friedberg, Tel. 0 60 31/8 38 34, Fax 0 60 31/8 38 35.

1974 wurde der Verein der Eisenbahnfreunde Wetterau gegründet. Inzwischen hat er Draisinen unterschiedlicher Bauarten nicht nur deutscher Eisenbahnen auf seinem Gelände versammelt. Dazu kommt eine stattliche Anzahl von Klein- und Arbeitsfahrzeugen. Diesen Fuhrpark sollte man sich bei einem Bahnhofsfest anschauen.

Im Jahr 1979 wurden die Fahrten des Museumszuges auf den Schienen der BLE Butzbach-Licher Eisenbahn aufgenommen. Von Bad Nauheim führt die Strecke nach Norden durch die wegen ihres günstigen Klimas, das reiche Ernten hervorbringt, „goldene Wetterau" genannte Landschaft zwischen Taunus und Vogelsberg. Nach Münzenberg sind es 16 km; geht die Fahrt über Butzbach nach Münzenberg, sind es 7 km mehr. Der Zug hat einen Buffetwagen, wer aber unterwegs nur aus dem Fenster geschaut hat, kann sich am Imbißwagen am End-Bf Münzenberg stärken.

Die Lok EFW 1 mit dem Museumszug zwischen Griedel und Bad Nauheim.

65

Gartenbahn des Dampfbahn Clubs Taunus

Schmalspur 127 und 187 mm

DBC-T Dampfbahn Club Taunus e.V.,
Weinbergstraße 60, 61440 Oberursel, Tel. 0 61 72/3 13 33;
Betriebsgelände an der Mainstraße am Ende der A 661.

Betriebstage

Jeden 2. So April – Okt.

Eisenbahnfeste

Am 2. Mai-Samstag wird ein Dampfbahnfest gefeiert. Auch das Andampfen am 2. April-Sonntag und das Abdampfen am 2. Okt.-Sonntag wird gefeiert.

Fahrplan

Regelmäßig zwischen 10 – 17 Uhr, Kassenschluß 16.30 Uhr.

Fahrpreise

Bitte erfragen.

Triebfahrzeuge

Exakte betriebsfähige Modelle der Dampfloks 24 006 (1'C h2, „Steppenpferd", 1926), 89 7001 (C n2, preuß. T 3, 1881), 913 (2'B1' h2, preuß. T 9, umgebaut von n4v, 1907), 01 504 (2'C1' h2, eine der 01, die seit 1961 von der DR der DDR umgebaut wurden), 23 022 (1'C1' h2, 1950), Diesellok V 20036 und einige weitere Loks verschiedener Art.

Anfahrt

Mit der DB bis Frankfurt Hbf, weiter mit der U 3 bis Haltestelle Lahnstraße in Oberursel. Mit dem Auto auf der A 661 bis zum Ende in Oberursel. P am Betriebsgelände.

Tourist-Information

Stadtverwaltung,
Rathausplatz 1, 61440 Oberursel,
Tel. 0 61 71/5 02-0, Fax 0 61 71/5 02-319.

Die 23 022 mit ihrem Erbauer Rudi Parrandier.

1977 wurde der Dampfbahn Club gegründet. Seitdem ist er weit über den Taunus hinaus bekanntgeworden. Es ist bewundernswert, was die Clubmitglieder geschaffen haben. Auf ihrem Gelände, inzwischen über 7500 qm groß, haben sie einen Bahnhof gebaut sowie einen Fahrzeugschuppen, eine Drehscheibe, einen Tunnel und über den Teich eine 13 m lange Brücke. Die ursprüngliche Ringstrecke von 700 m ist um ein Mehrfaches gewachsen und wird weiter ausgebaut. An den Betriebstagen ziehen Loks, an denen zum Teil mehrere Jahre gebaut worden ist, die Wagen. Oben sitzen einer hinter dem andern die Fahrgäste, und die Luft ist erfüllt von Dampf, Kohlenstaub und Ölgeruch – wie bei der großen Eisenbahn.

Aartalbahn

Regelspur 1435 mm

NTB Nassauische Touristik-Bahn e.V., Moritz-Hilf-Platz 2,
65199 Wiesbaden, Tel. 06 11/1 84 33 30, Fax 06 11/1 84 33 39

Betriebstage

Während des Sommerfahrplans (Anfang April – Ende Okt.) jeden Sonn- und Feiertag, während des Winterfahrplans am jeweils ersten So im Monat und nur bis Hahn-Wehen. Zu Ostern gibt es „Osterhasenfahrten“, am Sa nach Pfingsten „Folk mit Dampf“, Nikolausfahrten Anfang Dez.

Fahrpreise

Rf DM 20,–, Kinder 6 – 12 Jahre zahlen die Hälfte. Transport von Fahrrädern, Kinderwagen, Schlitten und Skiern ist kostenlos.

Triebfahrzeuge

Dampflok Tkp 4408 (D h2t, Chrzanow, Polen, 1955, von der Zechenbahn Kattowitz), Diesellok V 2 „Taunusstein“ und V 3 „Hohenstein“ (MAK 650 D 14, 1958; MAK 600 D 13, 1953).

Fahrplan

Am 1. So im Monat und an Feiertagen Wiesbaden-Dotzheim ab 10.00, 12.00, 14.00, 16.00 (an anderen So nur 10.00 und 14.00), Dampfbetrieb 10.00 und 14.00; Hohenstein (Nassau) an 11.20, 13.25, 15.25, 17.25; am 1. So im Monat und an Feiertagen Hohenstein (Nassau) ab 12.07, 14.07, 16.07, 18.07 (an anderen So nur 12.07 und 16.07), Dampfbetrieb 12.07 und 16.07; Wiesbaden-Dotzheim an 13.13, 15.13, 17.13, 19.13.

Anfahrt

Mit der DB bis Wiesbaden Hbf, weiter mit Bus 6 oder 10 bis Platz der Deutschen Einheit, dann mit 24 oder 25 bis Bf Dotzheim. Mit dem Auto auf der A 66 oder A 643 bis Schiersteiner Kreuz, Ausfahrt Wiesbaden-Dotzheim. P am Bf Wiesbaden-Dotzheim.

Tourist-Information

Marktstraße 6,
65183 Wiesbaden,
Tel. 06 11/1 94 33.

Die Losung der NTB lautet: „Mit uns nach oben ...“ Also steigen wir in den Museumszug ein, der bewirtschaftet ist, und schon nach der Abfahrt steigt die Strecke in sanften Kurven an. Wir blicken aus dem Fenster und sehen auf Wiesbaden und den Neroberg mit der griechischen Kapelle bis hinüber zum Rhein. Nach 3,8 km erreichen wir Chausseehaus, hier beginnt der Steilstreckenabschnitt. In engen Kurven geht es 250 m hoch durch den prächtigen Mischwald des Taunus.

Bei km 8 erreichen wir den Haltepunkt Eiserne Hand, den Scheitelpunkt der Strecke, 421 m hoch. Nach weiteren 2,5 km bergab erreichen wir Hahn-Wehen. Der nächste Halt erfolgt in Bleidenstadt, wir sehen Kirchen aus dem 13. Jahrhundert. Durch das schöne Wiesental des Flüßchens Aar gelangen wir nach Bad Schwalbach.

Das Tal wird immer enger, nach dem Adolfsecker Tunnel halten wir in Breithardt. Vor dem End-Bf Hohenstein durchfahren wir noch den Hohensteiner Tunnel. Nach

66

23,9 km haben wir unser Ziel erreicht und dabei das längste Denkmal in Hessen erlebt – die Aartalbahn, die zu den steilsten Strecken Deutschlands zählt.
Zum ersten Mal wurde hier in Deutschland eine komplette Eisenbahnstrecke mit Bahnhofsgebäuden, Stellwerken, Gleisanlagen, Signalen, Schranken und anderen technischen Einrichtungen unter Denkmalschutz gestellt, die von der NTB liebevoll und mit Sachverstand betreut wird.

Bergauf zur Eisernen Hand.

Historische Eisenbahn Frankfurt/Main

67

Regelspur 1435 mm

HE Historische Eisenbahn Frankfurt e.V.,
Postfach 900345, 60443 Frankfurt am Main, Tel. 0 61 71/70 07 12;
Betriebsgelände: Intzestraße 34,
60314 Frankfurt am Main, Tel. 0 69/43 60 93

Betriebstage

Die letzten So der Monate März, April, Juni, Sept., Okt.; im Mai während der Tage der offenen Tür der Stadt Frankfurt am Main; Nikolaus- und Weihnachtsfahrten, Sonderfahrten zwischen Frankfurt-Höchst und Königstein im Taunus. Genaue Termine bitte erfragen.

Fahrplan

Bitte erfragen.

Fahrpreise

Ef DM 6,–, Kinder 4 – 12 Jahre DM 3,–.

Triebfahrzeuge

Dampflok 01 118 (2'C1' h2, Krupp, 1934), 52 4867 (1'E h2, MAG Potsdam, 1943), Diesellok V 36 406 (MaK, 1950), Schienenbus VT 98 629 (Uerdingen, 1956).

Anfahrt

Mit der DB bis Frankfurt Hbf, weiter mit der U 4 oder 5 bis Römerberg, wenige Schritte zum Main. Mit dem Auto auf der A 3 oder auf der A 5 nach Frankfurt. P in Parkhäusern in der Innenstadt.

Tourist-Information

Im Hauptbahnhof und Römerberg 27, Postanschrift Kaiserstraße 56, 60329 Frankfurt/Main, Tel. 0 69/21 23 88 00, Fax 0 69/21 23 08 08.

An der Fußgängerbrücke über den Main, dem alten Eisernen Steg, befindet sich die Haltestelle des Historischen Zuges. Die eine Fahrt geht nach Griesheim im Westen und zurück, die andere nach Mainkur im Westen und zurück. Auf der einen Seite sehen wir aus dem Zug den Fluß mit seinen vielen Brücken, dahinter Sachsenhausen. Auf der anderen Seite sehen wir den Frankfurter Kaiserdom und die vielen Hochhäuser der Skyline. Damit das Frankfurt-Erlebnis vollständig ist, gibt es im Zug auch Frankfurter Würstchen und Apfelwein.

Die Historische Eisenbahn auf Sonderfahrt.

68

Frankfurter Feldbahn

Schmalspur 600 mm

FFM Frankfurter Feldbahnmuseum e.V., Am Römerhof 15 a (neben dem TÜV), 60486 Frankfurt am Main, Tel. 0 69/70 92 92

Betriebstage, Museums-Öffnungszeiten & Fahrplan

1. Jan.-Sonntag (14 – 17 Uhr, kein Fahrbetrieb),
1. Febr.-Sonntag (10 – 17 Uhr, Dieselbetrieb),
1. März-Sonntag (10 – 17 Uhr, Fahrbetrieb),
1. Mai-Sonntag (14 – 17 Uhr, kein Fahrbetrieb),
2. Mai-Sonntag (10 – 17 Uhr, Fahrbetrieb),
1. Juni-Sonntag (14 – 17 Uhr, kein Fahrbetrieb),
2. Juni-Sonntag (10 – 17 Uhr, Fahrbetrieb),
1. Juli-Sonntag (10 – 17 Uhr, Fahrbetrieb),
1. Aug.-Sonntag (14 – 17 Uhr, kein Fahrbetrieb),
1. Sept.-Sonntag (10 – 17 Uhr, kein Fahrbetrieb),
1. Okt.-Sonntag (14 – 17 Uhr, kein Fahrbetrieb),
vorletzter Okt.-Sonntag (10 – 7 Uhr, Fahrbetrieb).

Eisenbahnfeste

2. Jan.-Sonntag Glühweinfest (10 – 17 Uhr);
2. April-Sonntag Teddybärentag (10 – 17 Uhr), an dem alle Kinder, die einen Teddy mitbringen, freien Eintritt und freie Fahrt haben, die schönsten Teddybären werden prämiert;

letztes Mai-Wochenende Feldbahnfest (10 – 17 Uhr) mit allen betriebsfähigen Fahrzeugen im Einsatz;

eine Woche Mitte Juni ist Schulwoche (10 – 17 Uhr) mit fachkundiger Führung, Voranmeldung der Schulklassen ist erforderlich;

zweites Sept.-Wochenende Oldtimer-Treffen des Feldbahnmuseums für historische Fahrzeuge der Straße und Schiene mit vielen Veranstaltungen (10 – 17 Uhr);

1. Nov.-Sonntag Lampionfest (10 – 18 Uhr), bei dem jedes Kind mit einem Lampion freien Eintritt und freie Fahrt hat;

So nächst Nikolaustag (10 – 17 Uhr) Nikolausfahrten, und der Nikolaus hat für jeden etwas dabei.

Eintritts- & Fahrpreise

Eintritt DM 3,–, Fahrt DM 3,–, Kinder zahlen die Hälfte. Bei den Festen können andere Eintrittspreise gelten.

Triebfahrzeuge

6 betriebsbereite Dampfloks (meist B n2t, verschiedene Hersteller, ab 1900), 9 betriebsbereite Dieselloks, 1 betriebsbereite E-Lok.

Anfahrt

Mit der DB bis Frankfurt Hbf, weiter mit der Straßenbahn bis Mönchhofstraße, weiter zu Fuß die Schmidtstraße entlang. Mit dem Auto auf der A 5, Ausfahrt Frankfurt West, dann der Beschilderung „TÜH Kfz-Prüfanlage“ folgen.

Tourist-Information

Im Hauptbahnhof und Römerberg 27, Postanschrift Kaiserstraße 56, 60329 Frankfurt am Main, Tel. 0 69/21 23 88 00, Fax 0 69/21 23 08 08.

Die Gleise der schmalspurigen Feldbahnen dienten einst, schnell und ohne Unterbau verlegt, leichten Zügen zu schnellem Transport. Doch nicht nur auf dem militärischen Feld kamen diese Bahnen zum Einsatz. Sie dienten auch auf dem Feld der Landwirtschaft, in Steinbrüchen, Kiesgruben, Ziegeleien, in den Fabriken, beim Straßen-, Tunnel- und Bergbau und auch in der Personenbeförderung.
Im Frankfurter Feldbahnmuseum, 1975 gegründet, wurden inzwischen 13 Dampf-, 13 Diesel- und zwei E-Loks gesammelt und restauriert, die meisten davon sind betriebsbereit. Dazu kommen Sonderfahrzeuge wie ein Schienenkuli, zwei Schienenfahrräder, ein Gütertriebwagen, acht offene und geschlossene Personenwagen, darunter ein Heeresfeldbahnwagen mit Ofenheizung, Untertagepersonenwagen, 70 Güterwagen und Loren aller Art. Und auf der 1,4 km langen Strecke fahren die Feldbahn-Züge durch die Kleingärten und den Rebstockpark; wir sitzen im kleinen Zug und haben großen Spaß.
An den Fahrtagen gibt es heiße Würstchen und Getränke im Museum, an den Festen Kaffee und Kuchen, Bratwurst, andere kleine Speisen und alle Arten von Getränken.

Mit der Frankfurter Feldbahn
durch den Rebstockpark.

69

Deutsche Museums-Eisenbahn Darmstadt

Regelspur 1435 mm und Schmalspur 1000 mm

DME Deutsche Museums-Eisenbahn, Eisenbahnmuseum, Freundes- und Förderkreis des Eisenbahnmuseums Darmstadt-Kranichstein e.V., Steinstraße 7, 64291 Darmstadt, Tel. 06151/376401, Info-Tel. und Fax 06151/377600

Betriebstage

Museum:
April – Sept. jeden So und Mi und an Karfreitag, Ostermontag, 1. Mai, Pfingstmontag, Fronleichnam sowie Tag der Deutschen Einheit 10 – 16 Uhr.
Darmstadt-Ost – Bessunger Forsthaus:
Karfreitag – Ostermontag, 1. Mai, 3. Okt. (und eventuell das benachbarte Wochenende).
Darmstadt-Eberstadt – Alsbach Beuneweg:
Wochenende Mitte Mai und Mitte Juni, Himmelfahrt, Pfingstmontag, Fronleichnam.
Darmstadt-Schloß – Griesheim Wagenhalle:
Wochenende Ende Aug. und Ende Sept.
Sonderfahrten zu Ostern, Nikolausfahrten.

Eisenbahnfeste

Dampftage im Museum an den ersten So April – Sept.;
Waldfest am Bessunger Forsthaus Anfang Mai;
Dampflokfest im Museum von Himmelfahrt bis zum nächsten So.

Fahrplan

Bitte Termine erfragen.

Fahrpreise

Darmstadt-Ost – Bessunger Forsthaus:
Rf DM 7,–, Kinder 4 – 14 Jahre DM 4,–.
Fahrradtransport kostenlos.
Fahrten in Zusammenarbeit mit der HEAG Verkehrs-GmbH, Darmstadt-Eberstadt – Alsbach-Beuneweg: Ef DM 5,–, Kinder DM 2,50.

Triebfahrzeuge

Aus der Länderbahnzeit:
Dampflok 98 727 (B'B n4vt, Maffei, 1903, von der Kgl. Bayerischen Staatsbahn), 4981 „Münster“ (preuß. G 8, D h2, Hanomag, 1913, von der Preußischen Staatsbahn).
Aus der Reichsbahnzeit:
Dampflok 01 1056 (2'C1' h3, BMAG, 1940), 41 024 (1'D1' h2, Henschel, 1939), 44 404 (1'E h3, Henschel, 1941).
Von der Deutschen Bundesbahn:
Dampflok 23 042 (1'C1' h2, Henschel, 1954).
Von Privatbahnen:
Dampflok „von Manteuffel“ (B n2t, Hohenzollern 1887, von der Zschipkau-Finsterwalder Eisenbahn), 56 3007 (1'D h2, Linke-Hofmann-Busch, 1929, von der Lübeck-Büchener Eisenbahn), 184 (Typ ELNA 6, D h2t, Henschel, 1946, von der Deutschen Eisenbahn-Gesellschaft), Triebwagen VT 1 (Wismarer Schienenbus, 1933).
Außerdem viele Diesel-, E- und verschiedene Kleinloks, Sonderfahrzeuge.

Anfahrt

Mit der DB über Darmstadt Hbf nach Kranichstein Bf zum Museum oder zum Bf Eberstadt oder Darmstadt Ostbf.
Mit dem Auto auf der A 5 oder A 67, Ausfahrt Darmstadt. P am Museum und an den Bahnhöfen.

Tourist-Information

Verkehrsverein,
Luisenplatz 5, 64283 Darmstadt,
Tel. 06151/132780, Fax 06151/133434.

1859 wurde die Eisenbahnstrecke von Mainz über Darmstadt nach Aschaffenburg, die Hessische Ludwigsbahn, eröffnet. Sie ging 1897 in der Preußisch-Hessischen Staatsbahn auf. Der Bf Kranichstein wurde zu einem Rangierbahnhof ausgebaut, ein großer Ringlokschuppen mit Drehscheibe wurde errichtet. Der neue Lokschuppen von 1914 steht heute noch und dient, nachdem die Dienststelle Bw Kranichstein 1960 aufgelöst wurde, dem Eisenbahnmuseum.
Seit 1970 arbeitete eine enthusiastische Gruppe von Eisenbahnfreunden daran, einen Museumszug zu betreiben. 1971 wurde die erste Fahrt unternommen. Das Museum wurde 1976 eröffnet. Die stetig wachsende Sammlung umfaßt Gebäude, Anlagen, Strecken, über 20 Loks und mehr als 80 Wagen, vielerlei Gerätschaft, Zubehör und Werkzeug.
Gemäß dem Motto von Eisenbahnmuseum und Museums-Eisenbahn „Tradition bewahren heißt nicht, Asche aufzuheben, sondern eine Flamme am Brennen zu halten“, ein Ausspruch des französischen Sozialisten und Friedenskämpfers Jean Jaurès, brennt das Feuer der Begeisterung in den Herzen der Mitarbeiter, die ein lebendiges Museum betreiben, in der Eisenbahngeschichte tägliche Arbeit ist. Und das Feuer brennt auch unter den Kesseln der Lokomotiven, die auf dem Kranichsteiner Gelände fahren und auf Sonderfahrten oder fahrplanmäßig im Dienst sind.
Von Darmstadt-Ost geht die Fahrt am Kohlberg vorbei und durch den Wald zum Bessunger Forsthaus. 4,7 km ist diese Strecke lang, die Fahrt dauert 15 Minuten. Auf den HEAG-Strecken dauert die Fahrt von Darmstadt-Eberstadt nach Alsbach-Beuneweg 25 Minuten. Auf den Straßenbahnschienen können Schmalspurloks Museumszüge ziehen. Von Darmstadt-Schloß bis zur Wagenhalle in Griesheim sind wir 29 Minuten unterwegs.

Ein Zug der Deutschen Museums-Eisenbahn.

70

Thüringerwaldbahn Gotha

Straßenbahn-Spurweite 1000 mm

Thüringerwaldbahn und Straßenbahn Gotha GmbH,
Waltershäuser Straße 98, 99867 Gotha,
Tel. 0 36 21/4 31-0, Fax 0 36 21/4 31-111

Betriebstage & Fahrplan

Täglicher, regelmäßiger Linienbetrieb von früh morgens bis abends zwischen Gotha und Tabarz.

Triebfahrzeuge

Straßenbahnzüge verschiedener Art von den 50er Jahren bis jetzt; historische Straßenbahnzüge (Bothmann, 1928; Gotha/AEG, 1929; Gotha/LEW, 1956).

Fahrpreise

Gotha – Tabarz DM 4,50, Kinder 6 – 14 Jahre DM 2,90; Teilstrecken billiger. Es gibt Touristen- und Kombi-Tickets, die den Besuch von Schwimmbädern, Museen und anderen Sehenswürdigkeiten an der Strecke im Preis ermäßigen. Fahrradtransport ist möglich.

Anfahrt

Mit der DB bis Gotha Hbf. Mit dem Auto auf der A 4, Ausfahrt Gotha. P am Hbf.

Tourist-Information

Gotha-Information, Blumenbachstraße 1 – 3, 99867 Gotha, Tel. 0 36 21/40 66 77, Fax 0 36 21/22 21 34.

Seit 1894 fahren Straßenbahnen durch Gotha, und die 25,65 km Gesamtstrecke der Thüringerwaldbahn wurde 1929 in Betrieb genommen. Für die heutige Museumsbahn sind es 21,7 km bis Tabarz, dazu kommt ein Abstecher am Gleisdreieck nach Waltershausen.

In Tabarz.

Die Fahrt auf der Linie 4 beginnt vor dem Hbf. Wir fahren 15 Minuten durch die ehemalige Residenzstadt; nach der letzten Stadthaltestelle Sundhausen sehen wir den Großen Inselsberg. An der Umsteigestelle Waltershausen Gleisdreieck zweigt ein Schienenweg ab. Nach der Haltestelle Schnepfenthal teilt sich die Thüringerwaldbahn mit der DB den Gleiskörper auf 2 km Richtung Friedrichroda, vorher halten wir an den Friedrichbrunner Teichen und im Bf Friedrichbrunn. Weiter geht die Fahrt zum Haltepunkt Marienglashöhle (Besucherbergwerk), um dann im 450 m hoch gelegenen Kur- und Erholungsort Tabarz zu enden.

Parkeisenbahn Gera

Schmalspur 600 mm

Parkeisenbahn Gera – Geraer Wald-Eisenbahn-Verein e.V.,
Liselotte-Herrmann-Straße 6, 07548 Gera,
Tel. 03 65/81 01 85, Tel. und Fax 03 65/7 10 35 37

Betriebstage

April – Okt. täglich, außerhalb der Ferien Mo und Fr kein Fahrbetrieb.

Eisenbahnfeste

Im Jahr 2000 wird das 25jährige Jubiläum gefeiert.

Fahrplan

Regelmäßig 9.30 – 11.40 Uhr und von 13 – 17 Uhr.

Fahrpreise

Rundfahrt DM 2,–, Kinder, Rentner und Schwerbeschädigte zahlen die Hälfte.

Triebfahrzeuge

Diesellok 399 310-2 und 399 312-8 (Typ BN 60 H, 1965, 1966, vom Jenaer Glaswerk und von der Berliner Pioniereisenbahn).

Anfahrt

Mit der DB bis Gera, weiter mit der Straßenbahnlinie 3 bis Haltestelle Spielwiese. Mit dem Auto auf der A 4, Ausfahrt Gera-Zentrum; an der B 2, Straße des Friedens, liegt der Tierpark. P am Tierpark.

Tourist-Information

Gera-Information, Breitscheidstraße 1, 07545 Gera, Tel. 03 65/2 64 32, Fax 03 65/2 41 92.

1975 wurde als eine von vielen Pioniereisenbahnen der DDR die Bahn im Tierpark Gera eröffnet. Die Tradition der jungen Pioniere, mit Vollendung des 10. Lebenjahres und mit Erlaubnis der Eltern Parkeisenbahner zu werden, wird heute fortgeführt. Die jungen Eisenbahner werden unterrichtet und geschult. Alle Dienstposten, mit Ausnahme des Lokführers, sind mit Kindern und Jugendlichen besetzt, die Aufsicht haben erfahrene und erwachsene Eisenbahner. Die Fahrt auf der 0,8 km langen und kurvenreichen Strecke durch den Tierpark beginnt am Bf Wolfsgehege und führt über zwei Brücken über den Martinsgrundbach an einem Stauweiher vorbei zum Bf Martinsgrund.

Im Bf Martinsgrund.

72

Parkeisenbahn Auensee Leipzig

Schmalspur 381 mm (15 Zoll)

Parkeisenbahn Auensee Leipzig,
Gustav-Esche-Straße 8, 04159 Leipzig, Tel. und Fax 03 41/4 61 11 51

Betriebstage

Anfang April – Ende Okt.

Triebfahrzeuge

Dampflok 03 002 (2'C1', Krauss, 1925), Akkulok (Ns 1b, Umbau, von der Muskauer Waldeisenbahn).

Fahrplan

Mo – Fr 14 – 18 Uhr, Sa ab 13 Uhr, So und Feiertage 10 – 18 Uhr, während der Ferien ab 10 Uhr; regelmäßige Rundfahrten.

Anfahrt

Mit der DB bis Leipzig Hbf, weiter mit Straßenbahnlinie 10, 11 oder 28 bis Rathaus Wahren, dann 10 Minuten zu Fuß. Mit dem Auto auf der A 9, Ausfahrt Großkugel. P am Auensee.

Tourist-Information

Leipzig-Tourist-Service, Richard-Wagner-Straße 1, 04109 Leipzig, Tel. 03 41/71 04-260/-265 und 1 94 33.

Fahrpreise

Rundfahrt 2,– DM, Kinder DM 1,–; Teilfahrten zwischen DM 0,25 und 1,50.

Zwischen dem Naturschutzgebiet auf der einen Seite der Elster und dem Stadtteil Wahren auf der anderen liegt der Auensee mit Campingplatz und Strandbad. Der Rundkurs der Liliputbahn um den See hat eine Länge von 1,9 km, neben dem Bf Auensee gibt es die Haltepunkte Elsteraue, Strandbad und Gustav-Esche-Straße. Acht offene Personenwagen mit je 16 Sitzplätzen dienen der Beförderung der kleinen und großen Fahrgäste.

Die Dampflok, die zum ersten Mal auf der Deutschen Verkehrsausstellung in München 1925 in Betrieb war, zog Züge in Düsseldorf, Köln, Rotterdam, Antwerpen, Barcelona, Dresden, Berlin, Cork und 1939/1940 auf dem Killesberg von Stuttgart. Nach dem Krieg wurde sie aufgearbeitet und war in Dresden und in Erfurt im Einsatz. 1951 kam sie zur Pioniereisenbahn nach Leipzig, die seit 1991 Parkeisenbahn heißt.

Diese Lok ist seit 1925 im Dienst.

Döllnitzbahn

Schmalspur 750 mm

DBG Döllnitzbahn GmbH und Deutscher Bahnkunden-Verband, Förderverein „Wilder Robert" e.V., Bahnhofstraße 2, 04769 Mügeln, Tel. 0 34 35/92 22 67, Fax 03 43 62/3 24 47

Betriebstage

Regelbetrieb an Schultagen in Sachsen, aber nicht nur Schüler benutzen die Bahn „Wilder Robert"; Güterverkehr Mo – Fr nach Bedarf; Dampfbetrieb an jedem letzten So im Monat und an einigen Feiertagen. Nikolausfahrten.

Eisenbahnfeste

Ostereiersuchfahrten, Sonderveranstaltungen zu Pfingsten und das Bahnhofsfest Mügeln am letzten Aug.-Wochenende stehen auf dem Programm.

Fahrplan

Für den Dampfbetrieb (Nov. – Dez. Dieselbetrieb):
Oschatz Hbf ab 10.45, 12.45 (bis Kemmlitz), 16.45, 17.45 (Dieselbetrieb),
Mügeln an 11.28, 13.28 (Kemmlitz an 14.10), 17.29, 18.29;
Mügeln ab 9.30, 11.42, 14.45 (Dieselbetrieb, Kemmlitz ab 14.20), 15.30 (Kemmlitz ab 14.20),
Oschatz Hbf an 10.12, 12.24, 15.28, 16.12.

Fahrpreise

DM 0,50 pro km, Oschatz – Mügeln DM 12,–, Gesamtstrecke DM 18,–, Kinder bis 12 Jahre zahlen die Hälfte.

Triebfahrzeuge

Dampflok 99 1561, 99 1574, 99 1584 (sächs. IV K, B'B' n4v), verschiedene Dieselloks.

Anfahrt

Mit der DB bis Bf Oschatz.
Mit dem Auto auf der A 14, Ausfahrt Leisnig.
P am Bf.

Tourist-Information

Oschatz-Information, Neumarkt 2, 04758 Oschatz, Tel. und Fax 0 34 35/97 02 42; Stadtverwaltung Mügeln, Markt 1, 04769 Mügeln, Tel. 03 43 62/41 00.

Die Eisenbahnstrecke zwischen Oschatz und Mügeln, immer dem Lauf der Döllnitz entlang, wurde 1884 in Betrieb genommen. Seit damals heißt der Zug mit seiner dampfenden, fauchenden, klingelnden und pfeifenden Lokomotive „Wilder Robert".

Unser Traditionszug, der bewirtschaftet ist, fährt in Oschatz ab, hält in der Körnerstraße, am Südbahnhof und in Altoschatz-Rosenthal, dann geht es durch die freie Natur. Zwischen Thalheim-Kreischa und Naundorf haben wir die halbe Strecke nach Mügeln zurückgelegt. Das Schloß ist schon zu sehen, wir halten noch in Schweta Park und langen nach 11 km in Mügeln an. Weitere 7 km lang ist die Strecke nach Kemmlitz.

„Wilder Robert"
vor dem Schloß in Mügeln.

74 Museumsbahn Schönheide

Schmalspur 750 mm

MBS Museumsbahn Schönheide/Carlsfeld e.V.,
Am Fuchsstein Lokschuppen, 08304 Schönheide/Erzgebirge,
Tel. 03 77 55/43 03, Fax 03 77 55/25 61

Betriebstage

1. Wochenende Mitte Febr., Karfreitag bis Ostermontag, Pfingsten, Sommeranfang, jeweils 1 Wochenende im Juli, Aug., Sept., Okt., 2. und 3. Advent (Wochenenden) im Dez.

Eisenbahnfeste

Um den 1. Mai herum findet das Bahnhofsfest statt.

Fahrplan

Schönheide Mitte ab 10.00, 11.00, 13.00, 14.00, 15.00, 16.00, 17.00, 18.00,
Stützengrün an 10.20, 11.20, 13.20, 14.15, 15.15, 16.20, 17.15, 18.20;
Stützengrün ab 10.30, 11.30, 13.30, 14.25, 15.25, 16.30, 17.25, 18.30,
Schönheide Mitte an 10.50, 11.50, 13.50, 14.40, 15.40, 16.50, 17.40, 18.50.

Fahrpreise

Rf Schönheide bis Stützengrün DM 8,–, Kinder DM 4,–. Fahrradtransport ist kostenlos.

Triebfahrzeuge

Dampflok 99 582, 99 585 und 99 516 (sächs. IV K, B'B' n4v), Diesellok V 10 C.

Anfahrt

Mit der DB bis Zwickau, Plauen, Auerbach oder Aue, von dort weiter mit dem Bus nach Schönheide.
Mit dem Auto auf der B 283 bzw. auf der B 169 nach Schönheide. P am Lokschuppen.

Tourist-Information

Fremdenverkehrsamt, Hauptstraße 43, 08304 Schönheide, Tel. 03 77 55/20 02;
Tourismusverband Erzgebirge e.V., Johannisgasse 23, 09456 Annaberg-Bucholz, Tel. und Fax 0 37 33/2 35 53.

Im Oktober 1881 wurde die erste Etappe der Schmalspurbahn mit 750 mm Spurweite zwischen Wilkau und Kirchberg gebaut; als sechs Jahre später Carlsfeld erreicht war, war die Strecke insgesamt fast 50 km lang. 1967 wurde mit der schrittweisen Stillegung von einzelnen Streckenabschnitten begonnen; 1977 fuhr der letzte Güterzug, dann begann man mit dem Streckenabbau.

Die 99 582 der Museumsbahn Schönheide/Erzgebirge.

Rund 10 Jahre später, 1990, setzten sich Eisenbahnfreunde zusammen, um in Schönheide und Carlsfeld eine Museumsbahn in Gang zu setzen. Die Strecke zwischen Schönheide und Stützengrün wurde wieder aufgebaut. Sie führt von Schönheide Mitte über Schönheide Nord nach Stützengrün und ist knapp 4 km lang. Neben verschiedenen Triebfahrzeugen, von denen einige noch nicht betriebsfähig sind, gehören zum Wagenpark ein Traglastwagen sowie ein Länderbahnwagen (beide wurden von dem Verein im Stil der 60er Jahre wieder aufgearbeitet), ein Reko-Personenwagen sowie ein gedeckter Güterwagen.

Cranzahl – Oberwiesenthal

Schmalspur 750 mm

BVO Bahn GmbH,
Bahnhofstraße 7, 09484 Oberwiesenthal, Tel. 03 73 48/15 10.

Betriebstage

Mitte Juli – Mitte Sept. täglich, davor und danach gilt ein reduzierter Fahrplan.

Eisenbahnfeste

Für Schmalspur-Dampfeisenbahnfreunde gibt es im Mai, Juni und Sept. spezielle Wochenenden, genaue Termine sind bitte zu erfragen.

Fahrplan

Cranzahl ab
8.56, 10.35*, 13.20, 15.20*, 17.42, 18.25,
Oberwiesenthal an
9.57, 11.28, 14.13, 16.13, 18.35, 19.18;
Oberwiesenthal ab
7.45, 9.00*, 11.35, 13.28*, 15.28, 16.45,
Cranzahl an
8.38, 9.53, 12.28, 14.31, 16.31, 17.38.
(* = Mi – So sowie an Feiertagen mit bewirtschaftetem Salonwagen).

Fahrpreise

Ef etwa DM 16,–, Kinderermäßigung nur in Gruppen; genaue Preise sind bitte zu erfragen.

Triebfahrzeuge

Dampfloks der Baureihe 99 771 bis 99 794 (Babelsberg, 50er Jahre).

Anfahrt

Mit dem Auto auf der A 72, Ausfahrt Zwickau, auf der B 101 nach Cranzahl bzw. auf der B 95 nach Oberwiesenthal. P am Bf.

Tourist-Information

Fremdenverkehrsamt Cranzahl,
Karlsbader Straße 46, 09465 Neudorf,
Tel. 03 73 42/74 81;
Tourismusverein Kurort Oberwiesenthal,
Bahnhofstraße 07, 09484 Oberwiesenthal,
Tel. 03 73 48/1 28 55, Fax 03 73 48/1 28 57.

Die Fahrt beginnt am Bahnhof Cranzahl, der über 650 m hoch liegt. Die Regelspurstrecke zweigt rechts ab und führt über die Brücke nach Annaberg. Unsere Bahn schlängelt sich in mäßiger Steigung am Flüßchen Sehma entlang. Der erste Haltepunkt ist in Unterneudorf („Stachelbeerbahnhof" genannt). Der Zug steigt immer höher hinauf und erreicht bald den Bf Neudorf. Ab hier stampft der Zug ein schmales Seitental hinauf und verschwindet im Wald, bis der Bf Kretscham-Rothensehma erreicht ist. Vor dem Bf Niederschlag passiert der Zug die Wasserscheide zwischen Sehma und Pöhlbach entlang der tschechischen Grenze. Weiter geht es nach Hammerunterwiesenthal, wo wir den größten Unterwegsbahnhof erblicken. Nach dem Verlassen des Bahnhofs verengt sich das Tal, wir erreichen Unterwiesenthal. Links ragt der 1244 m hohe Keilberg auf, etwas weiter sehen wir rechts den 1214 m hohen Fichtelberg, bevor wir in 892,7 m Höhe unseren Zielbahnhof Oberwiesenthal erreichen. Zuvor haben wir das 23 m hohe und 110 m lange Viadukt überquert.

Von Cranzahl nach Oberwiesenthal.

76

Preßnitztalbahn

Schmalspur 750 mm

IGPB Interessengemeinschaft Preßnitztalbahn e.V.,
Markt 188, 09477 Jöhstadt,
Tel. 0 37 43/23 00, 8 97 33 (Lokschuppen), Fax 0 37 43/23 00

Von 1892 bis 1984 war Jöhstadt an das deutsche Eisenbahnnetz angeschlossen, dann kam das Aus, die Schienen und Brücken wurden abgebaut. 1990 gründete sich die Interessengemeinschaft Preßnitztalbahn. Zwei Jahre später konnten auf einer der reizvollsten Schmalspurstrecken in Sachsen wieder die starken, fast 100 Jahren alten Dampfloks bimmeln, schnaufen und qualmen.
Zur Zeit ist die Strecke 6 km lang und führt von Jöhstadt über Schlössel, Loreleifelsen, Schmalzgrube, Forellenhof bis zum Haltepunkt „Andreas-Gegentrum-Stolln“.

Betriebstage

Ostern, Himmelfahrt, Schulanfang, Nikolaus- und Adventsfahrten (Dampfzugverkehr); zwischen Juni und Okt. verkehren an allen Wochenenden diesellokbespannte Züge.

Eisenbahnfeste

Ende Mai/Anfang Juni Bahnhofsfest,
Mitte Juli Badfest/Mondscheinfahrten,
Anfang Sept. Oldtimerfest,
Anfang Okt. Bahnhofsfest.

Fahrplan

Jöhstadt ab
10.00, 11.00, 12.00, 13.00, 14.00, 15.00, 16.00,
Stolln Hp an
10.35, 11.35, 12.35, 13.35, 14.35, 15.35, 16.35;
Stolln Hp ab
11.00, 12.00, 13.00, 14.00, 15.00, 16.00, 17.00,
Jöhstadt an
11.44, 12.44, 13.44, 14.55, 15.44, 16.44, 17.44.

Fahrpreise

Ef DM 7,–, Kinder DM 5,–,
Rf DM 13,–, Kinder DM 7,–.
Fahrradtransport ist möglich.

Triebfahrzeuge

Dampflok 99 1542, 99 1568, 99 1590 (sächs. IV K, B'B' n4v, Maschinenfabrik Hartmann Chemnitz, 1899, 1910, 1913), Diesellok 199 007 (Ns 4, C, 1957) und 199 009 (V 10c, C, 1967).

Anfahrt

Mit der DB bis Chemnitz, von dort mit der Zschopautalbahn bis Annaberg-Buchholz unterer Bahnhof, von dort mit dem Bus T 430 nach Jöhstadt. Mit dem Auto auf der A 4, Ausfahrt Chemnitz, auf der B 95 nach Jöhstadt. P am Bf.

Tourist-Information

Fremdenverkehrsamt Jöhstadt,
Markt 185, 09477 Jöhstadt, Tel. 0 37 43/26 12 und 26 13, Fax 0 37 43/26 15.

Im Jahr 2000 möchte die Interessengemeinschaft eine Streckenlänge von 8 km bis nach Steinbach erreicht haben. Am Haltepunkt Stolln können in einem alten Bergbaustollen Besichtigungen mit Führungen durchgeführt werden.

Der Wagenpark des Vereins besteht neben den Triebwagen aus zahlreichen originalgetreu restaurierten Wagen der typischen sächsischen Schmalspurbahn der 1. bis 4. Klasse. Besondere Attraktionen sind der Salonwagen und der offene Aussichtswagen, die beide bewirtschaftet sind.

Die Preßnitztalbahn schnauft durch die Winterlandschaft.

77 Weißeritztalbahn

Schmalspur 750 mm

FWB Förderverein Weißeritztalbahn e.V., Hauptstraße 87,
01776 Schellerhau, Tel. 03 50 52/2 07 91, Fax 03 50 52/2 07 94

Betriebstage

Termine sind bitte zu erfragen.

Eisenbahnfeste

Bahnhofsfest im Aug.

Fahrplan

Termine sind bitte zu erfragen.

Fahrpreise

Ef DM 12,60, Kinder 4–11 Jahre DM 6,30,
Rf DM 20,80/10,40.
Fahrradtransport ist möglich.

Triebfahrzeuge

Verschiedene Dampfloks der Baureihen
99 73–76 und 99 77–79
aus den 30er und 50er Jahren.

Anfahrt

Von Dresden mit der S-Bahn.
Mit dem Auto auf der A 4, Ausfahrt Wilsdruff
(bis Freital-Hainsburg). P am Bf.

Tourist-Information

Fremdenverkehrsamt,
Platz des Bergmanns 2, 01773 Altenberg,
Tel. 03 50 56/3 33 41, Fax 03 50 56/3 33 66.

Sie ist die dienstälteste dampfbetriebene Schmalspurbahn Deutschlands. Die Fahrt beginnt in Freital-Hainsburg und führt u.a. über Rabenau, Spechtritz, Seifersdorf, Dippoldiswalde, Ulberndorf, Schmiedeberg bis zum Kurort Kipsdorf.
Einzigartig ist die Tour durch den Rabenauer Grund, eines der schönsten Naturschutzgebiete Sachsens. Wenn die Dampffahrt nach 26 km in Kipsdorf endet, erwartet den Fahrgast das größte deutsche Schmalspur-Bahnhofsgebäude. Im Inneren des Bf wird auf eindrucksvollen Wandgemälden die Geschichte und Natur der Region dargestellt.
Der Höhenunterschied zwischen Freital-Hainsberg und Kipsdorf beträgt stattliche 351 m und die Bahn fährt über 40 Brücken. Insgesamt acht Züge verkehren an den Betriebstagen hinauf und hinab.

Die Weißeritztalbahn.

Park-Eisenbahn Chemnitz

78

Schmalspur 600 mm

PEC Park-Eisenbahn Chemnitz gGmbH, Küchwaldring 24,
09113 Chemnitz, Tel. 03 71/3 30 11 00, Fax 03 71/3 36 33 20

Betriebstage

25. März – 1. Nov.: Di – So, Feiertage und während der Schulferien (Sommer).

Eisenbahnfeste

Ostern, Pfingsten, Jubiläumswochenende und Modellbahntreffen jeweils im Juni, Zuckertütenfest und Indianerfest jeweils im Sept., Weihnachts- und Nikolausfahrten.

Fahrplan

Di – Fr 14.00 – 17.00 Uhr,
Sa 14.00 – 17.30 Uhr,
So und Feiertage 10.00 – 12.00,
13.00 – 17.30 Uhr,
während der Schulferien (Sommer) zusätzlich
Di – Fr 9.00 – 12.00 Uhr und 13.00 – 17.00 Uhr.

Fahrpreise

Ef DM 2,–, Kinder DM 1,–,
Doppelfahrt DM 3,–, ermäßigt DM 1,50.

Triebfahrzeuge

Dampflok „Riesa“ (B n2t, Henschel, 1948),
Diesellok 6002, 6003, 6004 (Typ Ns 3p, V 10 C, Ns 2 f, aus den 50er Jahren),
Akku-Lok (Typ B 360, 1985).

Anfahrt

Mit der DB bis Chemnitz Hbf, anschließend weiter mit dem Bus 41.
Mit dem Auto auf der A 4, Ausfahrt Chemnitz Nord, weiter auf der B 95 bis Chemnitz Zentrum zum Küchwald.

Tourist-Information

Straße der Nationen 3, 09111 Chemnitz,
Tel. 03 71/6 20 51, Fax 03 71/6 15 83.

Die Chemnitzer Park-Eisenbahn zockelt bereits seit über 40 Jahren durch den Park.

Die Tour beginnt am Bf Küchwaldwiesen, hält an den Tennisplätzen und erreicht nach 2,3 km wieder die Küchwaldwiese. Wer mag – und bezahlt hat –, bleibt sitzen und macht die gleiche Tour gleich noch einmal, weil's so schön war.

Im Laufe der Zeit konnte der Verein verschiedene Wagen original restaurieren, wie einen Schmalspur-Güterwagen, einen Parkbahnwagen und verschiedene geschlossene Personenwagen. Bei groß und klein beliebt sind der Schienenkuli, ein Schienenfahrrad sowie ein solches Fahrzeug für Mutter und Kind. Die Handhebel-Draisine verlangt schon nach zwei kräftigen Männern, um sich in Bewegung zu setzen. Der Fahrbetrieb der Park-Eisenbahn wird von Schülern in ihrer Freizeit durchgeführt.

79 Liliputbahn Dresden

Schmalspur 381 mm (15 Zoll)

**Staatliche Schlösser und Gärten Dresden,
DPE Dresdner Parkeisenbahn e.V., Hauptallee 5, 01219 Dresden,
Tel. 03 51/4 59 31 34, Fax 03 51/4 59 30 53**

Betriebstage

Anfang April – Ende Okt., Nikolausfahrten.

Fahrplan

Mai – Mitte April Mo – Fr 10.00 – 17.00 Uhr,
Sa 13.00 – 17.00 Uhr,
So, Feiertage 10.00 – 17.00 Uhr;
10 Tage Mo – Fr kein Fahrbetrieb;
1. Mai – 30. Sept. Mo – Fr 10.00 – 18.00 Uhr,
Sa 13.00 – 18.00 Uhr
(bis Anfang Sept. bis 20.00 Uhr),
So, Feiertage 10.00 – 18.00 Uhr;
im Okt. Mo – Fr 13.00 – 16.30 Uhr,
Sa 13.00 – 17.00 Uhr,
So, Feiertage 10.00 – 17.00 Uhr.
Die Züge verkehren in 15- bis
20minütigem Abstand.

Fahrpreise

Pro Station DM 1,–, ermäßigt DM 0,50.

Triebfahrzeuge

2 Dampfloks (1925), 2 Akku-Loks (1962, 1982).

Anfahrt

Mit der DB bis Dresden Hbf.
Mit dem Auto auf der A 4, Ausfahrt Dresden.

Tourist-Information

Werbung und Tourismus GmbH,
Osterallee 11, 01067 Dresden,
Tel. 03 51/4 91 92-0, Fax 03 51/4 91 92-116.

Der Große Garten liegt inmitten der Stadt Dresden. Die Fahrt mit der Liliputbahn führt vorbei an Deutschlands ältestem Zoo, dem Carolasee (mit Gondelbetrieb), der Freilichtbühne und dem ältesten Barockpalais Kursachsens. In dem Großen Garten findet man eine interessante Auswahl an ganz besonderen und selten Bäumen, wie beispielsweise Trompetenbaum, Schlangen-Ahorn, Geweihbaum, Zürgelbaum, Tulpenbaum, Gingkobaum, Amberbaum und Sumpfzypresse.

Die Strecke der Liliputbahn wurde 1925 im Maßstab 1:3,33 gebaut; sie ist 5,6 km lang, und an den fünf Unterwegsbahnhöfen kann man aus- und aussteigen. 1951 wurde die Liliputbahn an die Schüler der Stadt Dresden übergeben. Seitdem haben hier zahlreiche Jungen und Mädchen im Winter die Ausbildung als Fahrdienstleiter, Aufsicht, Zugmelder, Fahrkartenverkäufer, Kontrolleur, Zugführer und Schaffner gemacht. Im Sommer kommen die jungen Eisenbahner dann zum Einsatz. Seit 1966 gibt es einen Fahrbetrieb mit beheizbaren geschlossenen Wagen, die in England gebaut wurden.

Die Dresdner Parkeisenbahn im Großen Garten.

Historische Feldbahn Dresden

Schmalspur 400 bis 1100 mm

HFBD Historische Feldbahn Dresden e.V., Stralsunderstraße 5, 01109 Dresden, Tel. 03 51/8 80 40 63 (Mi ab 16.00, Sa ab 10.00 Uhr)

Betriebstage

Jeweils ein Wochenende im April und Sept.

Eisenbahnfeste

Dresdner Dampflokfest im Mai.

Fahrplan

Während der Ausstellungen ständiger Fahrbetrieb; Lokparaden täglich 11.00, 15.30 und 17.00 Uhr.

Fahrpreise

Eintritt DM 2,–, Kinder zahlen die Hälfte.

Triebfahrzeuge

82 Dampf-, Diesel- und Akku-Loks, darunter Dampflok 7789 (Krauss, 1923), Elektroloks (1914, 1921, 1924), Benzollok H 1(O & K, 1928).

Anfahrt

Mit der DB bis Dresden Hbf.
Mit dem Auto auf der A 4, Ausfahrt Dresden.
P im Vorfeld.

Tourist-Information

Werbung und Tourismus GmbH, Osterallee 11, 01067 Dresden, Tel. 03 51/4 91 92-0, Fax 03 51/4 91 92-116.

Der Verein wurde 1978 gegründet und hat sich das Ziel gesetzt, die schmalspurigen Industrie- und Feldbahnen vor der Vergessenheit zu bewahren.
Die kreisförmige Strecke auf dem Betriebsgelände ist etwa 500 m lang. Es gibt die Spurweiten 400 mm, 500 mm, 550 mm, 600 mm, 700 mm, 750 mm, 800 mm, 900 mm und 1100 mm. Neben den zahlreichen Loks besitzt der Verein über 250 Wagen, Muldenkipper, Flachwagen und Grubenbahnwagen.
Während der Ausstellungstage gibt es auf dem Betriebsgelände einen Imbiß.

Die letzte existierende Dresdner Trümmerlok.

81

Minibahnclub Dresden/Radebeul

Schmalspur 127 mm (5 Zoll)

MBCD Minibahnclub Dresden e.V., Peter Winter,
Duckwitzstraße 6 d, 01129 Dresden, Tel. 0351/8400041;
Anlage: Mühlweg/An der Jägermühle, 01445 Radebeul.

Betriebstage
1. Mai (Andampfen), im Mai (zum Karl-May-Fest), jeweils letzter So in den Monaten Juni, Juli, Aug.

Eisenbahnfeste
Ende Mai Dampfbahnfest mit Gastlokomotiven, 3. Okt. Dampfbahnfest/Abdampfen.

Fahrplan
An den Betriebstagen zwischen 11.00 und 17.00 Uhr.

Fahrpreise
DM 3,– für 3 Runden.

Triebfahrzeuge
Dampflok (Planlok, Zimmermann).

Anfahrt
Von Dresden mit der S-Bahn ab Hbf (20 Minuten) oder mit der Tram 4 ab Dresdner Stadtzentrum (45 Minuten); am Wochenende mit dem Dampfschiff nach Radebeul. Mit dem Auto auf der A 4 oder A 13, Ausfahrt Dresden-Neustadt, weiter Richtung Radebeul. P am Weißen Roß.

Tourist-Information
Stadtverwaltung, Verkehrsamt, Pestalozzistraße, 01445 Radebeul, Tel. 0351/8311509.

Sie ist nicht nur für die ganz Kleinen ein großes Vergnügen: Die Gartenbahn in Radebeul (neben der Schmalspurbahn Radebeul Ost – Radeburg, zwischen Mühlweg und Jägermühle). Die Fahrt beginnt am Weißen Roß und führt durch die Anlagen, um nach rund 400 m zu enden. Aber natürlich muß noch niemand aussteigen, denn die Minibahn zieht ihre Gäste noch zweimal über den Parcours.

Die Minieisenbahn in Radebeul.

Traditionsbahn Radebeul

Schmalspur 750 mm

„Lößnitzdackel", Traditionsbahn Radebeul e.V., Sidonienstraße 1, 01445 Radebeul, Tel. 03 51/46 14 80 01, Fax 03 51/4 61 48 04

Betriebstage

Ostersonntag, verschiedene So im Aug. und Sept., 5. Dez.

Triebfahrzeuge

Dampflok 99 539, 99 564 (sä. IV K, B'B' n4v), 99 713 (sä. VI K, E h2).

Eisenbahnfeste

„25 Jahre Traditionsbahn", großes Bahnhofsfest, 27. – 29. August 1999.

Anfahrt

Von Dresden mit der S-Bahn ab Hbf (20 Minuten) oder mit der Tram 4 ab Dresdner Stadtzentrum (45 Minuten); am Wochenende mit dem Dampfschiff nach Radebeul. Mit dem Auto auf der A 4 oder A 13, Ausfahrt Dresden-Neustadt, weiter Richtung Radebeul. P am Bf.

Fahrplan

Termine bitte erfragen, die Abfahrt der Traditionszüge beginnt meistens gegen 10.00 Uhr.

Fahrpreise

Rf DM 20,–, Kinder DM 12,–. Fahrradtransport ist nach Voranmeldung möglich.

Tourist-Information

Stadtverwaltung, Verkehrsamt, Pestalozzistraße, 01445 Radebeul, Tel. 03 51/8 31 15 09.

Seit 1974 gibt es den Verein „Traditionsbahn Radebeul". Er verfügt über die größte Baureihenvielfalt auf sächsischen Schmalspurbahnen.
Die Fahrt beginnt in Radebeul Ost und passiert die Stationen Weißes Roß, Lößnitzgrund, Freidewald Bad, Moritzburg, Cunnertswalde, Berbisdorf und erreicht nach 16,5 km Radeburg. Auf dem Weg nach Radeburg passiert der Dampfzug eine Kreuzung zwischen Schmalspur und Regelspur.
Zu den Karl-May-Festspielen im Mai gibt es einen erweiterten Fahrplan. Stets ein besonderes Ereignis geschieht an jedem Sonntag in den Monaten August und September: Dann treffen sich drei Dampfloks in Moritzburg.
Die Traditionszüge sind immer bewirtschaftet, aber es besteht auch die Möglichkeit, die Fahrt für einen Restaurant- oder Cafébesuch zu unterbrechen.

Die 99 539 mit dem Fotozug in Moritzburg.

83 Dampfbahn Sächsische Schweiz

Regelspur 1435 mm

Landkreis Sächsische Schweiz,
Postfach 85, 01782 Pirna, Tel. 0 35 01/51 14 76, Fax 0 35 01/51 14 38;
Verein Ostsächsische Eisenbahnfreunde e.V.,
Maschinenhausstraße 2, 02708 Löbau

Betriebstage	Fahrpreise
Jeweils 1 Wochenende im April, Juni und Sept.	Bad Schandau bis Neustadt i.Sa. Erwachsene Rf DM 20,–, Kinder DM 12,–.

Fahrplan	Triebfahrzeuge
Termine sind bitte zu erfragen.	Dampflok 52 8141-5 und 52 8080-5 (1'E h2, Umbaulok der DR der DDR).

Bei Sonderzugveranstaltungen arbeitet der Landkreis Sächsische Schweiz eng mit dem Verein zusammen. Die Zulassung für die Lok 52 8141-5 läuft aus, und man ist bemüht, die Lok 52 8080-5 im Jahr 1999 betriebsfähig aufzuarbeiten. Vor diesem Hintergrund sind zur Zeit noch keine Veranstaltungen geplant.

Die historische Eisenbahn befährt die Strecken Heidenau – Altenberg, Pirna – Kamenz und Bad Schandau – Neustadt in Sachsen.

Eine Schwesterlok der Maschinen der Ostsächsischen Eisenbahnfreunde zwischen Löbau und Zittau.

Lausitzer Grubenbahn

Schmalspur 900 mm

LG Lausitzer Grubenbahn e.V., Ernst-Thälmann-Straße 8,
02979 Knappenrode, Tel. 0 35 71/67 80 92, Fax 0 35 71/67 80 92

Betriebstage	Triebfahrzeuge
Ab Karfreitag bis 31. Okt. jeden Sa, So und Feiertag.	Diesellok V 10 C (Lokomotivbau Babelsberg).

Fahrplan	Anfahrt
Knappenrode Museum ab 9.30, 14.40, B 97 Auerhahn an 11.00, 16.00; B 97 Auerhahn ab 11.30, 16.30, Knappenrode Museum an 13.15, 18.15.	Mit dem Auto auf der A 4, Ausfahrt Bautzen-West, dann auf der B 96 nach Knappenrode. P am Bf.

Fahrpreise	Tourist-Information
Ef DM 5,–, Rf DM 8,–. Fahrradtransport DM 3,–.	Stadtinformation, Geschwister-Scholl-Straße 6, 02977 Wittichenau, Tel. 03 57 25/7 04 17.

Bis zum Jahr 1992 diente die Kohleverbindungsbahn insbesondere dem Rohkohletransport zwischen Knappenrode und den Brikettfabriken Zeißholz, Heide/Weidnitz und Laubusch. Nachdem sich 1993 der Förderverein Lausitzer Grubenbahn zusammenfand, begannen die technischen und organisatorischen Maßnahmen, um die fast 20 km lange Strecke für den Tourismus nutzbar zu machen. Die dafür erforderlichen Loks und Wagen stammen aus dem ehemaligen Bergbaubestand und wurden restauriert.

Die idyllische Fahrt mit der Grubenbahn geht über Maukendorf, Brischko, Wittichenau, Dubring, Scheckthal, Zeißholz, Heidemoor, Pechteiche bis zur B 97. Die Züge sind nicht bewirtschaftet.

Die Diesellok V 10 C.

85

Naumburger Ringstraßenbahn

Straßenbahnspurweite 1000 mm

NFN Nahverkehrs-Freunde Naumburg-Jena e.V.,
Postschließfach 2 38, 06605 Naumburg, Tel. 0 34 45/63 96

Betriebstage
Kirschfest (letztes Juni-Wochenende),
Weinfest (letztes Aug.-Wochenende).

Fahrplan
Pendelverkehr.

Fahrpreise
Die Fahrpreise sind bitte zu erfragen.

Triebfahrzeuge
Verschiedene elektrische Triebwagen.

Anfahrt
Mit der DB nach Naumburg Hbf.
Mit dem Auto auf der A 9, Ausfahrt Naumburg.
P in der Umgebung der Haltestellen.

Tourist-Information
Naumburg-Tourist,
Steinweg 5, 06618 Naumburg,
Tel. und Fax 0 34 45/20 25 14.

Naumburg an der Saale liegt inmitten einer reizvollen Landschaft und wurde nicht zuletzt durch die Vielzahl bedeutender Kunstschätze zu einem Zentrum des Tourismus. Einzigartig in Europa ist die historische Ringstraßenbahn. Sie wurde im Sept. 1892 als Dampfstraßenbahn eröffnet und 1907 auf elektrischen Betrieb umgestellt. Die Streckenlänge beträgt 5,3 km, zur Zeit sind aber nur 1,2 km befahrbar.
Die Naumburger Ringstraßenbahn umrundete die Altstadt und den Naumburger Dom mit den berühmten Stifterfiguren. Heute pendelt die historische Straßenbahn zwischen Jägerplatz, Straßenbahndepot und Theaterplatz, und es kommen drei Straßenbahnwagen vom Typ Gotha zum Einsatz.

Das historische Straßenbahndepot in Naumburg.

Parkeisenbahn Peißnitz-Express

Schmalspur 600 mm

PPE Parkeisenbahn Peißnitz-Express,
Peißnitzinsel 4, 06108 Halle (Saale), Tel. 03 45/8 06 03 16

Betriebstage

1. Mai – 31. Okt. täglich, bei Regen kein Fahrbetrieb, Nikolausfahrten am 5. und 6. Dez.

Fahrplan

Zwischen 10.00 und 12.00, 13.00 und 18.00 Uhr im 30-Minuten-Takt.

Fahrpreise

Ef DM 2,–, Kinder 3 – 13 Jahre zahlen die Hälfte.

Triebfahrzeuge

3 Dieselloks Ns 2f (Lokomotivbau Karl Marx, 1959, 1967), 1 Akkulok und 1 Grubenlok.

Anfahrt

Mit der DB bis Halle (Saale) Hbf.
Mit dem Auto auf der B 80, E 49, B 6 nach Halle.
P am Naherholungsgebiet.

Tourist-Information

Halle Tourist e.V., Roter Turm, Marktplatz, 26198 Halle (Saale), Tel. 03 41/2 03 33 40, Fax 03 41/50 27 98.

Die Kleinbahn „Peißnitz-Express“ ist eine historische Bahn, die insbesondere den Kindern die Welt der Eisenbahn erschließt. Die rund 2 km lange Strecke wurde 1960 als „Pionierbahn“ eröffnet. Mit den offenen Wagen zuckeln die meist kleinen Gäste durch das Landschaftsschutzgebiet Peißnitzinsel. Bei der Kindereisenbahn haben die Kleinen ab 10 Jahren das Sagen: Sie bringen die Züge auf die Strecke, sie kontrollieren die Fahrscheine, betätigen die Signale, Weichen und Schranken und verkaufen die Souvenirs – lediglich die Lok darf ein Erwachsener steuern.

Zum Fahrzeugpark gehören neben den drei Dieselloks aus der ehemaligen Lokomotivfabrik Potsdam-Babelsberg eine in Handarbeit gefertigte Akkulok, die im Aussehen an eine 1000-PS-Lok der ehemaligen Deutschen Reichsbahn erinnert, sowie eine originale Untertage-Grubenlok des ehemaligen Mansfelder Kupferbergbaus.

Nach der Eisenbahnfahrt finden die Kinder in unmittelbarer Nähe verschiedene Spielplätze für eine fröhliche Kurzweil.

Die Kindereisenbahn „Peißnitz-Express“.

87 Mansfelder Bergwerksbahn

Schmalspur 750 mm

MBWB Mansfelder Bergwerksbahn e.V., Postfach 1240,
06284 Lutherstadt Eisleben, Tel. und Fax 0 34 75/64 84 27

Betriebstage

14. Febr., 11. April, 6. Dez. (Nikolausfahrt), andere Termine sind bitte zu erfragen.

Eisenbahnfeste

Wochenende Mitte Mai Dampfspektakel im Mansfelder Land.

Fahrplan

Klostermansfeld Bahnwerkstatt ab 9.30, 13.30, Hettstedt Eduardschacht an 10.18, 14.18; Hettstedt Eduardschacht ab 12.00, 15.00, Klostermansfeld Bahnwerkstatt an 12.40, 15.40.

Fahrpreise

Dampfzug Rf DM 15,–, Kinder zahlen die Hälfte. Fahrradtransport ist möglich.

Triebfahrzeuge

4 Dampfloks (D h2t, O & K, 1931–1939), 4 Dielselloks (V 10 C, Lokomotivbau Karl Marx, 1961 – 1962).

Anfahrt

Mit der DB bis Klostermansfeld. Mit dem Auto auf der B 80, B 86, B 242, B 180 nach Klostermansfeld. P an der Bahnwerkstatt.

Tourist-Information

Verkehrsverein, Bahnhofstraße 36, 06295 Lutherstadt Eisleben, Tel. 0 34 75/60 21 24.

Die Mansfelder Bergwerksbahn.

Im Jahr 1880 wurde zwischen der Kupferkammerhütte Hettstedt und den bei Welfesholz liegenden Glückhilfschächten eine Lok-Förderbahn eröffnet. Im Lauf der Jahre wurde das Streckennetz immer weiter ausgebaut, bis 1989 der letzte Zug fuhr. Der Betrieb wurde eingestellt. Im Sommer 1991 kam es zur Gründung des Bergbahnvereins, aber schon ein Jahr zuvor war der erste Museumszug zwischen Klostermansfeld und Hettstedt gefahren.

Der Verein erinnert mit der dampfbespannten Museumseisenbahn die Eisenbahnfans, Berg- und Hüttenleute an die einstige Bedeutung dieses Verkehrsmittels. Die Fahrt des bewirtschafteten Zuges beginnt in Klostermansfeld Bahnwerkstatt, führt über Thondorf und Siersleben Gleisdreieck und erreicht nach 9,3 km Hettstedt Eduardschacht.

Harzer Schmalspurbahnen

88

Schmalspur 1000 mm

HSB Harzer Schmalspurbahnen GmbH, Postfach 90,
38842 Wernigerode, Tel. 0 39 43/5 58-117, Fax 0 39 43/5 58-112

Betriebstage

25. April – 1. Nov., 2. Nov. – 23. April.
Termine für die Fahrten mit dem Traditionszug sind bitte zu fragen.

Eisenbahnfeste

März – Okt. 1999:
„100 Jahre Harzquer- und Brockenbahn“.

Fahrplan

Die umfangreichen Fahrpläne für die 3 Museumszüge sind bitte zu erfragen, es gibt einen Sommer- und einen Winterfahrplan sowie Fahrpläne für die Traditionszüge.

Triebfahrzeuge

25 Dampfloks (ab Bj. 1897),
1 historischer Triebwagen (GEHE T 1, 1933).

Fahrpreise

Wernigerode/Nordhausen bis Brocken:
Ef DM 26,–, Rf DM 42,–,
Kinder 4 – 12 Jahre zahlen die Hälfte.
Bei Sonderfahrten mit dem Traditionszug mit Begrüßungstrunk, Reisebegleitung, Fotostop und Scheinanfahrten zwischen DM 79,– (Sommer) und 37,– (Winter).

Anfahrt

Mit der DB bis Wernigerode oder Nordhausen. Mit dem Auto auf A 7, A 2, A 14, A 2, A 9 nach Wernigerode. P an den Bahnhöfen.

Tourist-Information

HSB Urlaubs-Center,
Tel. 0 39 43/5 58-143, Fax 0 39 43/5 58-148.

Die Harzer Schmalspurbahnen übernahmen 1993 als erste nichtbundeseigene Eisenbahngesellschaft mit regelmäßigem Reisezug- und Güterverkehr den Betrieb von der DR. Die Schmalspurbahnen wurden am Ende des vergangenen Jahrhunderts angelegt. Neben dem Regel- und Sonderreisezugbetrieb sowie dem Güterverkehr bieten die HSB Souvenirverkauf, Fahrradverleih, Ehrenlokführerausbildung, Führerstandsmitfahrten, Besichtigung des Bahnbetriebswerks sowie Organisation und Durchführung von Pauschal- und Bausteinreisen für Gruppen an. Besonders beliebt sind beispielsweise die Walpurgisfahrten mit Hexen und Teufeln am 30. April, Osterfahrten mit Osterüberraschungen, Eisenbahnnostalgiefahrten und vieles andere mehr. Bitte die Programme anfordern.

Selketalbahn: Doppelausfahrt in Alexisbad.

Harzquerbahn

Die Harzquerbahn durchfährt den Harz in Nord-Süd-Richtung. Die Fahrt beginnt in Wernigerode, passiert 15 Haltepunkte und Bahnhöfe und erreicht nach 3 Stunden Fahrtzeit Nordhausen Nord.

Selketalbahn

Die Selketalbahn führt von Gernrode über Haferfeld, Harzgerode, Alexisbad, Straßberg, Friedrichshöhe und Stiege, wo die kleinste Wendeschleife der Welt durchfahren wird, bis nach Hasselfelde. Die Strecke ist 52 km lang.

Brockenbahn

Seit 1992 verkehren wieder die Züge der Brockenbahn auf den sagenumwobenen Brocken, der mit 1142 m der höchste Gipfel in Norddeutschland ist. Der Brockenbahnhof ist der höchstgelegene Schmalspurbahnhof in Deutschland. Die Fahrt beginnt in Wernigerode und geht über Drei Annen Hohne und über Schierke auf den Brocken. Die Fahrt dauert knapp 2 Stunden.

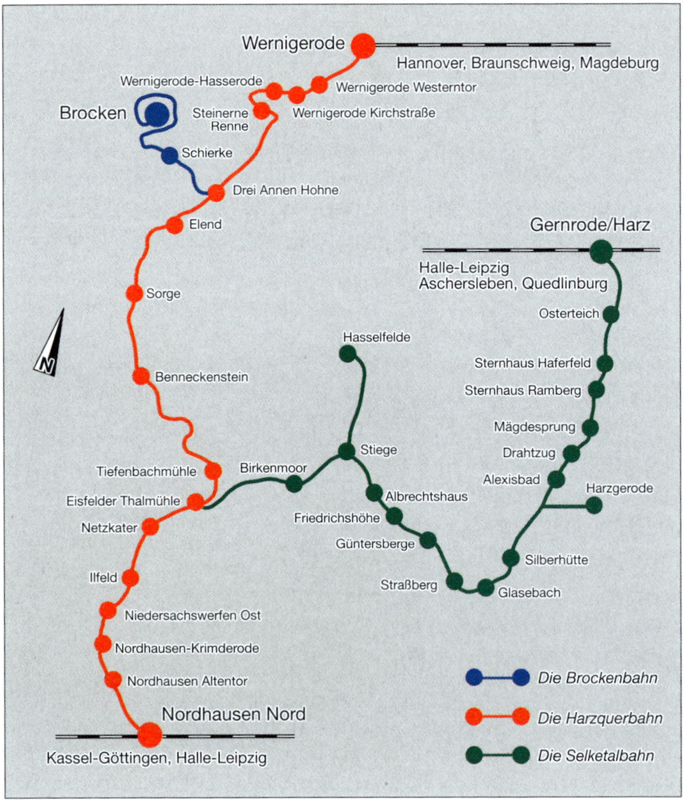

Historische Schlanstedter Feldbahn

89

Schmalspur 600 mm

HSF Historische Schlanstedter Feldbahn, Minna-Bollmann-Straße 73, 38820 Halberstadt, Tel. und Fax 0 39 41/61 43 10

Betriebstage
Von Mai bis Okt. jeden 1. So im Monat.

Fahrplan
Zwischen 14.00 und 18.00 Uhr;
Saisoneröffnung, Pfingstfahrten, Sommerfest, Saisonabschluß, jeweils an einem Wochenende zwischen 10.00 und 18.00 Uhr.

Fahrpreise
Eine kleine Spende ist stets willkommen.

Triebfahrzeuge
Diesellok Ns 1 (Jung), Ns 2f (Jung, Henschel).

Anfahrt
Mit der DB bis Halberstadt, weiter mit dem Bus.
Mit dem Auto über die B 79, B 81 oder B 245 nach Halberstadt, Abzweig Neudamm.
P am Betriebshof.

Tourist-Information
Fremdenverkehrsbüro,
Düsterngraben 3, 38820 Halberstadt,
Tel. 0 39 41/55 18 15, Fax 0 39 41/55 10 89.

Die „Historische Schlanstedter Feldbahn" wurde 1991 gegründet, und seit dieser Zeit zuckelt die kleine Bahn auf der 1 km langen Strecke die Eisenbahnfans durchs Gelände. Neben den Loks, von denen einige noch aufgearbeitet werden müssen, verfügt der Verein über fünf verschiedene Personenwagen, einen Schienenkuli und etwa 30 Güterwagen. Während der Feste (Pfingsten, Sommerfest usw.) können sich die Gäste auf dem Betriebshof mit Trank und Speis versorgen.

Die Historische Schlanstedter Feldbahn.

Traditionsbahn Staßfurt

Regelspur 1435 mm

Traditionsbahnbetriebswerk Staßfurt e.V.,
Güstener Weg, 39418 Staßfurt, Tel. und Fax 0 39 25/38 38 00

Betriebstage

1. und 3. Sa im Monat 10.00–16.00 Uhr (Besichtigung).

Eisenbahnfeste

Jeweils 1 Wochenende Ende März, Anfang Juni und Okt. Weitere Termine sind bitte zu erfragen.

Fahrplan

Öffnungszeiten während der Dampflokfeste: 9.00 – 17.00 Uhr, für Foto- und Videofreunde zusätzlich von 8.00 – 9.00 Uhr. Sonderfahrten werden veranstaltet, Bedingungen bitte erfragen.

Fahrpreise

Eintrittspreise bei Dampflokfesten: Erwachsene DM 7,–, Kinder DM 3,–.

Triebfahrzeuge

Dampflok 41 1231 (1'D1' h2, Umbaulok der DR der DDR), 44 1486 (1'E h3, Umbaulok), 50 3695 (1'E h2, Umbaulok), 52 8184 (1'E h2, vor 1945).

Anfahrt

Mit dem Auto auf der B 180, B 449/B71 und B 175 nach Staßfurt. P am Betriebsgelände.

Tourist-Information

Stadtverwaltung, Verkehrsamt, Steinstraße 19, 39418 Staßfurt, Tel. 0 39 25/98 12 95.

Die Bahnstrecke Schönebeck – Güsten wurde 1856 in Betrieb genommen, Güsten wurde Eisenbahnknotenpunkt. Von Staßfurt aus wurde 1890 nur noch die Nebenbahn nach Blumenberg betrieben, bis der Betrieb eingestellt wurde.

Heute erfreuen sich große und kleinen Eisenbahnfreunde an dem 24 Loks beherbergenden Ringlokschuppen. Die dazugehörige Drehscheibe mißt 20 m im Durchmesser. Der Verein, der heute das Eisenbahnmuseum betreibt, gründete sich 1990. Dreimal im Jahr finden Eisenbahnfeste statt. Hierzu werden 3 150 Tonnen schwere Loks der Baureihen 41, 44 und 50 angeheizt. Zum Rahmenprogramm gehören Fotozüge, Führerstandsmitfahrten, Drehscheibenfahrten, Souvenirverkauf sowie Besichtigung der historischen Werkstätten. Zu bestaunen sind auch die Dampfschneeschleuder und ein originaler Mitropa-Speisewagen.

Das Betriebsgelände verfügt über rund 5 km Gleisanlagen. Auch hier kann, wer mag, den Ehrendampflokführerschein erwerben.

Vor dem Lokschuppen.

Parkeisenbahn „Krumbholz“, Bernburg

91

Schmalspur 600 mm

PEK Parkeisenbahn „Krumbholz“,
Krumbholzallee, 06406 Bernburg, Tel. 0 34 71/35 20 12

Betriebstage

Termine für die Monate März und April (Vorsaison) und Sept. und Okt. (Nachsaison) bitte erfragen; Mai – Aug.(Hauptsaison) täglich.

Fahrplan

Mo von 12.00 – 18.00 Uhr,
Di – Fr 10.00 – 18.00 Uhr,
Mittagspause 12.30 – 13.00 Uhr;
Sa, So, Feiertage 10.00 – 18.00 Uhr,
Mittagspause 12.45 – 13.15 Uhr.

Fahrpreise

Ef DM 2,–, Kinder 3 – 14 Jahre DM 1,–.

Triebfahrzeuge

Diesellok „Schöma“ (Kleinlok CHL, 1997), Grubenlok (Skoda 1958, umgebaut).

Anfahrt

Mit der DB bis Bernburg.
Mit dem Auto auf der B 185 oder B 71 nach Bernburg. P in der Nähe des Parks.

Tourist-Information

Fremdenverkehrsverband Bernburg und Anhalt e.V., Rheineplatz 4, 06406 Bernburg, Tel. 0 34 71/37 20 30/31, Fax 0 34 71/37 20 32.

Inmitten einer reizvollen Landschaft, in einem stillgelegten Flußbett mit Auenlandschaft, dem Krumbholz, verläuft die 1,9 km lange Gleisstrecke der Parkeisenbahn. Neben den Triebfahrzeugen unterhält die Parkbahn fünf überdachte Personenwagen. Die Station Rosenhag ist der Hbf der Parkeisenbahn, von der kleinen Parkanlage genießt man einen schönen Blick hinüber zum Schloß. Vom Haltepunkt Tiergarten erreicht man in wenigen Minuten den 12 Hektar großen Tiergarten mit ungefähr 100 verschiedenen Tieren. Vom Haltepunkt Keßlerturm ist man in wenigen Minuten am und auf dem 26 m hohen Aussichtssturm. Endstation ist das „Paradies“. Nach ein paar Schritten steht man im Märchengarten, im Biergarten mit Kinderkino und vor der Ausflugsgaststätte „Paradies“.

Die Parkeisenbahn „Krumbholz“.

Waldeisenbahn Muskau

92

Schmalspur 600 mm

WEM Gesellschaft zur Betreibung der Waldeisenbahn Muskau mbH,
Brunnenstraße 11, 02943 Weißwasser,
Tel. 0 35 76/20 74 72, Fax 0 35 76/20 74 73

Betriebstage

Saisonbeginn ist der Karfreitag, Saisonende ist der letzte Herbstferientag in Sachsen.
April – Mitte Juli Sa und So;
Juli – Anfang Sept. Do, Sa, So;
Mitte Sept. – Ende Okt. Sa und So.

Eisenbahnfeste

Anfang Mai an einem Wochenende Bahnhofsfest in Bad Muskau.

Fahrplan

Weißwasser (Teichstraße) ab
9.40, 11.00, 13.30, 14.40, 16.00, 17.00,
Kromlau an
10.00, 11.20, 13.50, 15.00, 16.20, 17.20;
Weißwasser (Teichstraße) ab
9.00, 11.05, 14.00, 16.12,
Bad Muskau an 9.45, 11.50, 14.45, 17.00,
Bad Muskau ab 10.00, 12.05, 15.00, 17.15,
Weißwasser (Teichstraße) an
10.45, 12.50, 15.45, 18.00.

Fahrpreise

Ef DM 7,–,
Rf Weißwasser – Bad Muskau DM 10,–,
Dampfzuschlag DM 4,–/6,–; Kinderermäßigung.

Triebfahrzeuge

Dampflok 99 3312 „Diana" (D n2, Borsig, 1912), 99 3317 (D n2, Borsig, 1918), Diesellloks Ns2, Ns3, V 10c.

Anfahrt

Von Görlitz auf der B 115 nach Bad Muskau.

Tourist-Information

Kurgesellschaft mbH, Fremdenverkehrsbüro, Schloßstraße 3, 02953 Bad Muskau, Tel. 03 57 71/5 04 92, Fax 03 57 71/6 99 06.

Seit mehr als 100 Jahren schnauft die Waldeisenbahn durch die Wälder von Weißwasser und Bad Muskau. Diese Bahn besaß einen beträchtlichen Anteil an der wirtschaftlichen Entwicklung des Gebiets um die beiden Orte. Es begann mit einer Pferdebahn zum Kohletransport, bis 1896 die ersten beiden Dampfloks erworben wurden. Nach jahrelangem Auf und Ab der Waldeisenbahn wurde der Betrieb in den siebziger Jahren schrittweise eingestellt.

Im Mai 1979 stellte man die Lok 99 3317 als Denkmal in Weißwasser auf. Nach intensiven Anstrengungen des Vereins war es endlich im Mai 1992 soweit: Der erste Personenzug fuhr von Weißwasser nach Kromlau, es folgte die feierliche Wiedereröffnung der Strecke zwischen Weißwasser und Bad Muskau. Heute unterhält die WEM vier Dampfloks, eine Akku- und 39 Diesellloks verschiedenster Bauarten sowie zahlreiche originalgetreu aufgearbeitete Güterwagen. Die Fahrt geht von Weißwasser (Teichstraße) ins 4 km entfernte Kromlau oder ins 7 km entfernte Bad Muskau, Sonderfahrten sind jederzeit möglich. Die Züge sind nicht bewirtschaftet.

Nächtliche Lokparade.

Parkeisenbahn Cottbus

Schmalspur 600 mm

FBB Freizeit- und Bäderbetriebs GmbH, Parkeisenbahn Cottbus, Am Eliaspark 1, 03042 Cottbus, Tel. 03 55/75 61 70

Betriebstage

April – Sept. Sa, So und Feiertage; Mai – Aug. Di – So, Mo Ruhetag.

Eisenbahnfeste

Jährliche Feldbahntreffen mit nostalgischen Loks, Draisinen, Schienenmoped und vielem anderen; anläßlich des 45jährigen Bestehens der Parkeisenbahn im Juni 1999 besonderes Feldbahntreffen.

Fahrplan

April – Sept. 10.00 – 18.00 Uhr im 40-Minuten-Takt. Mai – Aug. Di – So (Mo Ruhetag) 10.00 – 18.00 Uhr im 25-Minuten-Takt.

Fahrpreise

Tageskarte: Erwachsene DM 5,–, ermäßigt DM 1,50. Fahrradtransport und Hunde DM 1,50.

Triebfahrzeuge

Dampfloks 01 (Brigadelok, Linke und Hofmann, 1918), 04, 99 3301 (Krauss, 1895), 2 Dieselloks, 2 Kö, 1 Doppellok (aus 2 Maschinen des Typs Ns2f), „ICE“ (aus dem Gruga-Park, Essen, 1966–1992).

Anfahrt

Mit der DB bis Cottbus Hbf. Mit dem Auto auf der A 13, Ausfahrt Cottbus, oder auf den Straßen B 96, B 97 und B 115 zum Bf Sandower Dreieck am Stadtring (im Parkareal Cottbus). P am Sandower Dreieck und am Tierpark.

Tourist-Information

Fremdenverkehrsbüro Cottbus-Information, Karl-Marx-Straße 68, 03044 Cottbus, Tel. 03 55/24 25 45 oder 1 94 33, Fax 03 55/79 19 31; CMT Cottbus Congress, Messe & Touristik GmbH, Postfach 10 12 31, 03012 Cottbus, Tel. 03 55/7 80 42 24, Fax 03 55/7 80 42 84.

Die Parkeisenbahn Cottbus nahm 1954 als Pioniereisenbahn ihren Betrieb auf und hat inzwischen über 4 Millionen Fahrgäste befördert. Sie schlängelt sich auf einer Strecke von 3,2 km durch den Eliaspark mit seinen Sport- und Spielanlagen, den Spreeauen-Park mit seiner Blütenpracht, vorbei an Tierpark und Fürst-Pückler-Park Branitz. Während der 45minütigen Fahrt durch das gesamte Parkgelände hält der Zug am Bf Messe, an den Haltepunkten Messehallen, Glückauf sowie an den Bahnhöfen Zoo und Friedenseiche.

Ein besonderes Erlebnis mit kulinarischen Angeboten für eine kleine Feier auf der schmalen Schiene bietet der Pyramiden-Express, der zur kalten Jahreszeit auch beheizt ist. Junge Freizeit-Eisenbahner vom Verein zur Förderung der Cottbuser Parkeisenbahn e.V. betreuen die Fahrgäste als Schaffner und Zugbegleiter. Zum Wagenbestand gehören neben den Loks offene und gedeckte Personenwagen, ein Gepäckwagen sowie Kipploren.

Kleine Eisenbahner betreuen die Fahrgäste.

94

Heidekrautbahn Berlin

Regelspur 1435 mm

BEF Berliner Eisenbahnfreunde e.V., Stresemannstraße 30, 10963 Berlin, Tel. 0 30/51 10 81, Fax 0 30/2 51 41 86

Betriebstage

Himmelfahrt, Pfingsten (Sa und So), jeweils 1 Tag im Juli, Aug. und Sept., 3. Okt., Nikolausfahrten im Dez. zum Schildower Weihnachtsmarkt.

Eisenbahnfeste

Termine sind bitte zu erfragen.

Fahrplan

Wilhelmsruher Damm (Berlin) ab 9.50, 12.50, 15.50, 18.50, Basdorf an 10.52, 13.52, 16.52, 19.52; Basdorf ab 8.14, 11.14, 14.14, 17.14, Wilhelmsruher Damm an 9.15, 12.15, 15.15, 18.15.

Fahrpreise

Ef DM 8,–, Kinder 4–11 Jahre DM 4,–, Rf DM 15,–/8,–. Fahrrad- und Rollstuhltransport ist möglich (bitte zuvor reservieren).

Triebfahrzeuge

Dampflok „Ampflwang" (D n2t, Hanomag, 1925, aus Österreich), 65 1057 (1'D2' h2, LKM Lokomotivbau Karl Marx, 1957), Diesellok V 22 2082 (LKM, 1962), V 14 001 (O & K, 1956), „Potsdam Nr. 2", V 108 (LKM, 1962), weitere Dieselloks, Kleinloks und Schienenbusse.

Anfahrt

In Berlin nach Rosenthal/Märkisches Viertel bis Wilhelmsruher Damm bei PLUTA mit der S 1 und U 8 bis Wittenau und weiter mit dem Bus x21, 121 oder Anfahrt mit dem Bus 153, 221 oder der Tram 53. P in der Nähe des Bf Wilhelmsruher Damm.

Tourist-Information

Kreisverwaltung Barnim, Verkehrsamt, Heegermühler Straße 75, 16225 Eberswalde, Tel. 0 33 34/21 40, Fax 0 33 34/21 41 92; Fremdenverkehrsverein „Märkische Seenlandschaft Wandlitz" e.V., Prenzlauer Chaussee 157, 16348 Wandlitz, Tel. und Fax 0 33 97/6 61 31.

Der Verein der Berliner Eisenbahnfreunde wurde 1978 mit dem Ziel gegründet, einen Museumseisenbahnbetrieb zu betreiben, der dann erstmals 1982 durchgeführt wurde. Im Jahr 1996 zog der Verein vom Reinickendorfer Vereinsgelände mit allen Fahrzeugen und rund 10 000 Tonnen Material nach Basdorf in das ehemalige Bahnbetriebswerk.

Die „Ampflwang" und die Diesellok 183 251-8.

Die historische Eisenbahnfahrt beginnt in Berlin-Wilhelmsruh und führt nach Blankenfelde. Nun beginnt der Anlauf zum geographischen Höhepunkt der Strecke. Die Steigung stellt große Anforderungen an die eingesetzten Triebfahrzeuge. Weiter geht die Fahrt durch ein Naturschutzgebiet. Bald erreichen wir den Bf Schildow-Mönchmühle, und nach dem Haltepunkt Schönwalde gelangen wir nach insgesamt 16 km zum Bf Basdorf. Im Büfettwagen werden Getränke, Kuchen und Ähnliches angeboten. Das Heidekrautbahn-Museum Basdorf (An der Wildbahn 2a, 16352 Basdorf, Tel./Fax 03 33 97/7 26 56) kann jeden Sa ab 12.00 Uhr besichtigt werden.

Feldbahn Wuhlheide

Schmalspur 500 mm

FEZ-Wuhlheide, 500-mm-Feldbahnprojekt,
Eichgestell, 12459 Berlin, Tel. und Fax 030/5354610

Betriebstage

Von April bis Dez. etwa 90 Betriebstage.

Eisenbahnfeste

Feldbahnfeste werden im Mai und Okt. stattfinden.

Fahrplan

Dauerfahrbetrieb Samstag nachmittag und ganzjährig an So.

Fahrpreise

Jede Spende in beliebiger Höhe ist willkommen. Fahrrad- und Kinderwagentransport sind möglich.

Triebfahrzeuge

Diesellok Strüver-Schienenkuli (Deutz), mehrere Ns 1 (Lokomotivbau Karl Marx), weitere Dieselloks, mehrere Akku-Loks.

Anfahrt

Von Berlin mit der S-Bahn über Bf Berlin-Wuhlheide mit anschließendem 15minütigem Fußweg durch den Wald; mit der S-Bahn über Bf Berlin-Schöneweide, Tram 26, 61 bis Haltestelle FEZ mit anschließendem 5minütigem Fußweg. Mit dem Auto über die Straße „An der Wuhlheide". P am FEZ.

Das Kinder- und Jugendfreizeitzentrum Wuhlheide liegt inmitten eines großen Waldparks im Südosten von Berlin. Jedes Jahr erfreuen sich über 1 Million Menschen auf den Spiel- und Sportplätzen und an den Freilichtbühnen, an Wald, Wiesen und dem Badesee sowie an der Parkeisenbahn. Sie alle regen zum aktiven Aufenthalt an. Die Fahrt durch den Park ist rund 800 m lang.

Die Lok Ns 1.

96

Historische S-Bahn Berlin

Regelspur 1435 mm

Historische S-Bahn e.V.,
Postfach 44, 10419 Berlin, Tel. und Fax 0 30/29 72 02 46

Betriebstage

Jeden 4. Sa in den Monaten März, Juni – Nov. und an allen Adventsamstagen.

Eisenbahnfeste

Verkehrshistorisches Wochenende an Pfingsten.

Fahrplan

Die genauen Fahrpläne erscheinen etwa 14 Tage vor jeder Fahrt. Fahrplanansage: Tel. 0 30/29 72 03 49 und 0 30/4 63 93 65.

Fahrpreise

Die Preise werden von der S-Bahn Berlin GmbH festgelegt. Sie betragen in der Regel für Erwachsene DM 12,– und DM 6,– für Kinder unter 14 Jahren. Für die Weihnachts- und Osterzüge und das Verkehrshistorische Wochenende werden gesonderte Tarife festgelegt.

Triebfahrzeuge

Bauart Bernau (1924), Oranienburg (1925), Stadtbahn (1927), Bankierzug (1934), 1938/41 (1938), Peenemünde (1941), BR 270 (1979).

Anfahrt

Da die Historische S-Bahn auf dem Streckennetz der Berliner S-Bahn verkehrt, können diese Züge mit den öffentlichen Verkehrsmitteln in Berlin und Brandenburg erreicht werden.

Tourist-Information

Berlin Tourismus Marketing GmbH, Hot-Line (Mo – Fr 8.00 – 20.00 Uhr, Sa und So 9.00 – 18.00 Uhr), Tel. 0 30/25 00 25.

Im Jahr 1924 begann in Berlin das Zeitalter der elektrischen S-Bahn. Der Verein Historische S-Bahn e.V. unterhält rund 24 Berliner S-Bahnwagen aus sieben Jahrzehnten.

Bei der Sonderfahrt im S-Bahn-Traditionszug gibt es Kaffee und selbstgebackenen Kuchen, aber auch Buletten, Kartoffelsalat und Bier. Außerdem werden S-Bahn-Souvenirs verkauft, und der Pankower Leierkastenmann Manfred Grandé sorgt mit seinen Altberliner Melodien für die richtige Stimmung. An Weihnachten, das ist klar, unterhält ein echter Weihnachtsmann die großen und kleinen Gäste.

Die Historische S-Bahn auf dem Weg zur Sonnenallee.

Die Rundfahrten auf dem Netz der Berliner S-Bahn starten in der Regel gegen 10.00 Uhr auf den Bahnhöfen Grunewald oder Charlottenburg, verlaufen über ständig wechselnde Strecken und dauern zwischen 6 und 8 Stunden.

Bäderbahn Molli

Schmalspur 900 mm

MBB Mecklenburgische Bäderbahn Molli, GmbH & Co., Am Bahnhof, 18209 Bad Doberan, Tel. 03 82 03/41 50, Fax 03 82 03/4 15 12

Betriebstage
Ende Mai – Anfang Okt. täglich.

Eisenbahnfeste
„Schall & Rauch", Bahnhofsfest Anfang Okt.

Fahrplan
Bad Doberan Bf ab
8.36, 9.36, 10.36, 11.36, 13.42, 14.36, 15.36, 16.36, 17.36, 18.41,
Kühlungsborn West an
9.21, 10.21, 11.21, 12.21, 14.22, 15.21, 16.21, 17.21, 18.21, 19.21;
Kühlungsborn West ab
6.44, 8.35, 9.35, 10.35, 11.35, 13.35, 14.35, 15.35, 16.35, 17.35,
Bad Doberan Bf an
7.24, 9.18, 10.18, 11.18, 12.18, 14.22, 15.18, 16.18, 17.18, 18.18.

Fahrpreise
Ef DM 5,–, Kinder 6–13 Jahre DM 2,50, Rf DM 8,50/4,–.
Fahrradtransport ist möglich.

Triebfahrzeuge
Dampflok 99321, 99 322 und 99 323 (1'D1' h2t, O & K, 1932), 99 331, 99 332 (D h2t, Lokomotivbau Karl Marx, 1951).

Anfahrt
Mit der DB bis Bf Bad Doberan.
Mit dem Auto auf der E 22/B 105 (A 20 ist in Bau) nach Bad Doberan.
P in der Nähe des Bf.

Tourist-Information
Bad Doberan/Heiligendamm, Goethestraße 1, 18209 Bad Doberan, Tel. und Fax 03 82 03/6 21 54.

Der historische Dampfzug, der von Bad Doberan durch die Stadt an die Ostsee nach Kühlungsborn West fährt, wird liebevoll „Molli" genannt und ist seit 1976 ein Denkmal der Verkehrsgeschichte.

Nachdem der Zug den Bf Bad Doberan verlassen hat, dampft er parallel zur herrlichen Lindenallee nach Heiligendamm, der „weißen Stadt am Meer". Zuvor hält der Zug in der Stadtmitte und an der Goethestraße. Von Heiligendamm geht die Fahrt weiter nach Kühlungsborn Ost, Kühlungsborn Mitte bis Kühlungsborn West. Nach knapp 16 km ist die Fahrt hier zu Ende.

Ende des 19. Jh. fuhr die Eisenbahn nur zwischen Bad Doberan und Heiligendamm. 1919 wurde die Strecke nach Kühlungsborn West ausgebaut, das damals noch Brunshaupten hieß. Hier in Kühlungsborn West befindet sich auch ein Wagenschuppen von 1915, in dem die nicht benötigten Wagen untergestellt sind. Wer übrigens in Kühlungsborn Ost aussteigt, hat die Möglichkeit, mit der „Motor-Molli", einer Strandbahn, unterhaltsam durch Stadt und Land gefahren zu werden. An Renntagen hält der Zug auch an der ältesten deutschen Galopprennbahn.

Zum Angebot der historischen Eisenbahn „Molli" gehören neben dem fahrplanmäßigen Betrieb auch die Fahrten mit dem Traditionszug, der bewirtschaftet ist, an

besonders schönen Stellen einen Fotostop einlegt und auf Vorbestellung Scheinanfahrten vornimmt; Souvenirverkauf findet auf den Bahnhöfen statt.
Wer ein „richtiger“ Eisenbahner werden möchte, der kann in zehn Tagen eine Ausbildung zum Ehrenlokführer oder Ehrenzugschaffner absolvieren. Wer mag, kann die einfache Strecke oder auch maximal 8 Stunden vorn auf der Lok mitfahren (pro Person DM 50,– bzw. DM 180,–).

Molli auf Fahrt durch die Bad Doberaner Innenstadt.

Heide-Express

Regelspur 1435 mm

AVL Arbeitsgemeinschaft Verkehrsfreunde Lüneburg e.V.
(Touristik-Eisenbahn Lüneburger Heide),
Theodor-Haubach-Straße 3, 21337 Lüneburg,
Tel. 0 41 31/5 81 36 und 0 41 32/92 09 19, Fax 0 41 31/5 06 29

Betriebstage

Ostern, Mai, Juni, Juli, Aug. (Heidetakt), Mai (Windmühlenfest), Juni (Wassermühlenfest), Aug. (Heideblüte), Sept. (Kartoffelmarkt), Nov. – Dez. (Nikolausfahrten).

Fahrplan

Genaue Termine bitte erfragen.

Fahrpreise

Je nach Fahrtlänge zwischen DM 16,– und 24,–, Kinder und Familien erhalten Ermäßigung. Fahrradtransport ist kostenlos.

Triebfahrzeuge

Diesellok V 46.01 (Typ V 65, 1955), Diesellok 0601 (Typ V 20, 1941), Dieseltriebwagen DT 0504 (1933).

Anfahrt

Mit der DB zu den verschiedenen Bahnhöfen; der Heide-Express hält in unmittelbarer Nähe der DB-Bahnhöfe.
Mit dem Auto auf der A 250, Ausfahrt Lüneburg, von dort über Landstraßen zu den einzelnen Orten. P an den Bahnhöfen.

Tourist-Information

Lüneburger Heide Tourismus GmbH; Barckhausenstraße 35, 21335 Lüneburg, Tel. 0 41 31/7 37 30, Fax 0 41 31/4 26 06.

Steigen Sie ein zu einem romantischen Schienenbummel auf den Strecken Lüneburg – Döhle/Egestorf und Winsen (Luhe) – Salzhausen/Eyendorf (21,4 km), Lüneburg – Hützel – Soltau (57 km), Lüneburg – Bleckede (24 km), Winsen (Luhe) – Hützel (41 km) oder Winsen (Luhe) – Niedermarschacht (18 km). Der Oldtimer-Zug lädt regelmäßig im Sommer zu einem Schienenbummel von Winsen (Luhe) nach Amelinghausen (22,3 km) ein. Wie zu Großpapas Zeiten zuckelt die betagte Diesellok mit verschiedenen Umbauwagen, Plattformwagen, Donnerbüchsen und Gesellschaftswagen durch die schöne Heidelandschaft.

Der Heide-Express fährt über die „Gebirgsbahn" unter anderem zur Heideblüte nach Döhle und Egestorf und über die „Luhetalbahn" nach Salzhausen und Eyendorf zum Windmühlenfest. Neu ist der Triebwagen von 1933 mit 52 Sitzplätzen. Einige Züge sind reservierungspflichtig.

Alle Züge sind bewirtschaftet, es gibt verschiedene Getränke, belegte Brote, Eintöpfe, Würstchen und Kuchen. Der Zugbetrieb ist ganzjährig möglich, alle Wagen sind beheizbar, die Züge können für große und kleine Feste gechartert werden.

Der Heide-Express auf der Geestrandbahn Lüneburg.

99 Ameisenbär in der Lüneburger Heide

Regelspur 1435 mm

Reise- und Verkehrsbüro, Bornemannstraße 7, 29614 Soltau,
Tel. 0 51 91/84-442, Fax 0 51 91/84-448

Betriebstage

Jeden So in den Monaten Juli, Aug. und Sept.

Fahrplan

Soltau ab 10.00,13.30,
Döhle an 11.00, 14.35;
Döhle ab 15.00, 17.40,
Soltau an 16.00, 18.45.
Luhegrund 10.35,
Bispingen 10.40.

Fahrpreise

Soltau – Döhle Ef DM 9,50, Rf DM 18,–;
Soltau – Bispingen Ef DM 5,50, Rf 10,–.

Triebfahrzeuge

VT 508 „Ameisenbär" (Wismar, 1937).

Anfahrt

Mit der DB nach Soltau Hbf.
Mit dem Auto auf der A 7, Ausfahrt Soltau-Ost oder Soltau-Süd. P am Hbf.

Tourist-Information

Reise- und Verkehrsbüro am Böhmepark,
Bornemannstraße 7, 29614 Soltau,
Tel. 0 51 91/84-442, Fax 0 51 91/84-448.

Dieser Schienenbus mit dem kleinen Schnäuzchen ist heute nur noch selten anzutreffen. Er erreicht eine Höchstgeschwindigkeit von 45 km/h. Es gibt 55 Sitzplätze und 16 Stehplätze, jede Person hat 20 kg Freigepäck, beispielsweise ein Fahrrad.
Nach dem Verlassen des Soltauer Hauptbahnhofs bummelt der Ameisenbär durch die Stadt, verläßt diese und läßt sie dann links liegen. Vorbei geht die gemütliche Fahrt am Heide-Park, Norddeutschlands größtem Freizeit- und Familienpark mit rund 40 Fahrattraktionen, Shows, ausgedehnten Parkanlagen und einer vielseitigen Gastronomie. Nach 16 km erreichen wir Luhegrund und nach weiteren 2 km Bispingen. Von hier geht es 2 km weiter nach Hützel, um nach insgesamt 30 km Fahrstrecke und insgesamt 1 Stunde Fahrtzeit Döhle im Naturschutzpark Wilseder Berg zu erreichen. Nach rund 2 Stunden Aufenthalt geht die Nostalgiefahrt zurück nach Soltau. Erholsam und ein sportliches Vergnügen für jung und alt ist der Besuch der täglich geöffneten Soltau-Therme am Böhmewald, ein Sole-Erlebnisbad mit einem vielfältigen Angebot.

Der Ameisenbär nimmt neue Fahrgäste mit und ohne Fahrräder auf.

Braunschweigische Landes-Museumseisenbahn

Regelspur 1435 mm

VBV Verein Braunschweiger Verkehrsfreunde e.V.,
Borsigstraße 2 a, 38126 Braunschweig, Tel. und Fax 05 31/69 20 02

Betriebstage

Preußenzug: Mai (Muttertag) bis 6. Dez., meistens ein So im Monat.
Celler Land-Express: 1 So im Mai, im Juni, im Juli, 2 So im Aug.
Ostfalen-Courier: Jeweils 1 Wochenende im Juni, Juli und Aug.
Genaue Termine bitte erfragen.

Eisenbahnfeste

Einmal im Jahr findet ein Besuchstag mit großem Programm statt. Sa kann die Werkstatt in Braunschweig, Borsigstraße, besucht werden.

Fahrplan

Preußenzug:
Fahrplan bitte erfragen.
Celler Land-Express:
Celle ab 10.30, Müden (Örtze) an 11.49, Müden (Örtze) ab 16.30, Celle an 17.45.
Ostfalen-Courier:
Helmstedt ab 9.46, Haldensleben an 12.23, Haldensleben ab 15.33, Helmstedt an 18.17.

Fahrpreise

Preußenzug:
je nach Fahrtlänge zwischen Ef DM 6,–, Rf DM 12,– und Ef DM 36, Rf DM 48,–.
Celler Land-Express:
Ef DM 20,– Rf DM 26,–.
Ostfalen-Courier:
Ef DM 28,–, Rf DM DM 34,–.
Fahrradtransport ist möglich.

Triebfahrzeuge

Dampflok „Cöln 1857“ (preuß. T 9.1, C1' n2t, 1895, von der KPEV Königlich Preußische Eisenbahn-Verwaltung) und „Braunschweig“ (C n2t, Jung, 1925), Diesellok V 600 022 (MAK, 1959).

Anfahrt

Braunschweig:
Mit der DB bis Braunschweig Hbf.
Mit dem Auto auf der A 2, Ausfahrt Braunschweig.
Celle:
Mit der DB bis Celle Hbf.
Mit dem Auto auf der A 352, Ausfahrt Celle.
Helmstedt:
Mit der DB bis Helmstedt Bf.
Mit dem Auto auf der A 2, Ausfahrt Helmstedt.
P an den Bahnhöfen.

Tourist-Information

Städtischer Verkehrsverein Braunschweig e.V., Langer Hof 6, 38100 Braunschweig, Tel. 05 31/2 73 55-0, Fax 05 31/2 73 55-19;
Verkehrsverein Celle e.V., Markt 6, 29221 Celle, Tel. 0 51 41/13 24 52, Fax 0 51 41/1 24 59;
Fremdenverkehrsgemeinschaft Elm-Lappwald, 38338 Helmstedt, Tel. 0 53 51/1 21-375, Fax 0 53 51/1 21-140;
Amt für Wirtschaftsförderung, 39340 Haldensleben, Tel. 0 39 04/48 00, Fax 0 39 04/7 22 06.

Preußenzug

Der VBV e.V. wurde bereits im März 1949 gegründet. Die Aktivitäten des Vereins sind vielfältig: Im Winter werden Vorträge gehalten, im Sommer findet der Fahrbetrieb mit verschiedenen Zügen im Großraum Braunschweig statt. Zur Zeit umfaßt die Sammlung historischer Schienenfahrzeuge 10 Dampfloks, 9 Dielloks, 3 Bahndienstfahrzeuge und Schienen-Pkw, 33 Personenwagen (der Waggon „Salzgitter“ wurde in den 30er und 40er Jahren für die türkische Staatsbahn gebaut) sowie 20 Pack- und Güterwagen.

Der Preußenzug pendelt zwischen Celle und Hankensbüttel (43 km), Hankensbüttel und Brome (23 km), Wittlingen und Braunschweig (64 km). Der historische Zug ist zusätzlich im August zum Burgfest nach Brome, im September nach Hankensbüttel zum Kartoffeltag und nach Wahrenholz zum Lönsfest unterwegs. Am 6. Dezember geht's mit dem Nikolaus von Celle nach Hankensbüttel zum Weihnachtsmarkt. Der Zug ist bewirtschaftet.

Celler Land-Express

Die 36 km lange Fahrt beginnt im Celler Hauptbahnhof und führt auf der 1902 erbauten Bergener Strecke durch den Bahnhof Celle-Nord. Nun geht's durch das reizvolle Celler Land bis Beckedorf. Dort wechselt der Celler Land-Express die Fahrtrichtung und rollt über die 1910 erbaute Strecke Beckedorf – Munster nach Hermannsburg.

Der sächsische Herzog Hermann Billing war Namensgeber für diesen Ort; er errichtete hier 951 eine Burg. Heute ist Hermannsburg das größte deutsche Zentrum des evangelisch-lutherischen Missionswerks. Von hier führt uns der Weg schließlich nach Müden (Örtze). Der Zug ist bewirtschaftet, so daß niemand Durst oder Hunger leiden muß. Wanderer und Wassersportler finden in Müden lohnenswerte Ziele.

Ostfalen-Courier

Nach der Wiedervereinigung wurde die Idee geboren: Zwischen Helmstedt und Haldensleben sollten wieder Züge verkehren, darunter auch ein historischer Kleinbahnzug, der Ostfalen-Courier.

Die Fahrt geht von Helmstedt über Grasleben, Weferlingen, Walbeck, Hödingen, Graul, Behnsdorf, Hörsingen, Bischofswald, Ivenrode, Altenhausen, Emden, Bodendorf, Süplingen nach Haldensleben. Genießen Sie diese romantische Erlebnistour auf den Holzbänken oder im Buffetwagen bei Speisen und Getränken.

Der Preußenzug mit der Lok „Cöln 1857“ im Harz.

Warnetalbahn Börßum – Salzgitter

Regelspur 1435 mm

Dampflok-Gemeinschaft 41 096 e.V.,
Postfach 511380, 38243 Salzgitter, Tel. 05 31/2 26 22 52

Betriebstage

Ostersamstag, Himmelfahrt, 1. Juli-So, Mitte Nov., 5. und 6. Dez.

Fahrplan

Börßum ab 12.00, 15.00, 16.15,
Klein Mahner an 12.30, 15.50, 16.43,
Salzgitter-Bad an 16.40, 18.00.
Klein Mahner ab 11.18,
Börßum an 11.46.
Salzgitter-Bad ab 11.00, 14.00,
15.20, 16.55, 18.10,
Börßum an 11.46, 14.46, 16.04,
Klein Mahner an 17.10, 18.25.

Fahrpreise

Ef DM 8,–, Kinder 4–12 Jahre DM 5,–,
Rf DM 14,–/8,–.
Fahrrad DM 1,– pro Fahrt.

Triebfahrzeuge

Dampflok 41 096 (1'D1' h2, Krupp, 1939), Dampflok 1 (C n2t, Henschel, 1953, von den Zellstoffwerken Kelheim), Diesellok V 31 (C, BMAG, 1939) und V 60 (D, Hennigsdorf, 1963).

Anfahrt

Mit der DB bis Braunschweig Hbf, mit der Regionalbahn zu den Bahnhöfen Börßum oder Salzgitter-Bad.
Mit dem Auto auf der B 4 nach Börßum, oder auf der B 248 nach Salzgitter-Bad.
Der Bahnhof liegt am Rande der Altstadt.
P an den Bahnhöfen.

Tourist-Information

Vorsalzer Straße 11, 38259 Salzgitter-Bad,
Tel. 0 53 41/39 37 38, Fax 0 53 41/39 18 16.

Die Dampflok 41 096 wurde im Jahre 1939 bei Friedrich Krupp in Essen gebaut und kostete 160 800 Reichsmark. Nach einem bewegten Leben wurde 1960 die Lok mit einem Neubaukessel versehen und auf Ölhauptfeuerung umgebaut. Als ölgefeuerte Dampflok wurde sie bei der Bundesbahn noch dreimal umstationiert. Die Abschiedsfahrt fand am 17. Okt. 1977 nach Altenau statt.

Der Nikolauszug im Bf Salzgitter-Bad.

Im Jahr 1981 wurde die 41 096 nach Klein Mahner überführt. Hier in Klein Mahner befand sich ein verträumter, verlassener Dorfbahnhof in Fachwerkbauweise, den die Damplok-Gemeinschaft 1981 erwerben konnte.
Die Fahrt mit der schönen 41 096 von Börßum nach Salzgitter-Bad dauert 1 Stunde und 40 Minuten; gehalten wird nach 3 km in Werlaburgdorf, nach 6 km in Gielde, nach 10 km in Klein Mahner. Die Fahrt endet nach insgesamt 15 km in Salzgitter-Bad. Einige Züge verkehren nur zwischen Klein Mahner und Salzgitter-Bad.
Im mitgeführten Barwagen werden kalte Erfrischungsgetränke, belegte Brötchen, heiße Würstchen, Kaffee und Kuchen angeboten.

102

Eisenbahnmuseum Vienenburg

Regelspur 1435 mm

VEV Verein zur Förderung des Eisenbahnmuseums Vienenburg e.V., Joachim Fricke, Bergstraße 6, 34596 Bad Zwesten, Tel. 0 56 26/18 34

Betriebstage & Eintritt

Museum: Di, Do, Sa und So zwischen 15 und 17 Uhr, Erwachsene DM 2,–, Kinder DM 1,–.

Fahrpreise

Führerstandsmitfahrten: Erwachsene DM 2,–, Kinder DM 1,–. Die Mitfahrt im Schienenbus ist frei.

Triebfahrzeuge

Dampflok 52 360 (1'E h2, Borsig, 1943, von der DR der DDR), Kö 1001 (Bdm, KHD, 1938, vom Luther Werk, Braunschweig), Köf II (Gmeinder, 1959).

Eisenbahnfeste

Dampfbetrieb im Freigelände Anfang Mai (Walpurgisnacht) und Anfang Sept. (Vienenburger Seefest). Genaue Termine bitte erfragen.

Anfahrt

Mit der DB über Goslar oder Bad Harzburg nach Vienenburg. Mit dem Auto auf der A 395 oder A 4, Ausfahrt Vienenburg. P am historischen Bf.

Fahrplan

An den Betriebstagen beginnt der Fahrbetrieb gegen 12.00 Uhr; genaue Termine können telefonisch beim VEV abgefragt werden.

Tourist-Information

Fremdenverkehrsverein, Bahnhofstraße 8, 38690 Vienenburg, Tel. 0 53 24/40 44.

Vienenburg liegt malerisch im Vorderharz. Während der Walpurgisnacht (30. April/1. Mai) treiben die Hexen auf dem Marktplatz ihren Schabernack. Am ersten Sept.-Wochenende heißt die Seejungfrau die zahlreichen Gäste aus nah und fern während des Vienenburger Seefestes willkommen. Zu beiden Anlässen findet auf dem Freigelände der VEV Dampfbetrieb statt; die Strecke ist 200 m lang. An den Betriebstagen ist der historische Abteilwagen von 1923 bewirtschaftet.

Lok 52 360 im historischen Bahnhof Vienenburg.

In dem ehemaligen Empfangsgebäude des Vienenburger Bahnhofs befindet sich ein Eisenbahnmuseum. Dieses Haus ist der älteste Bahnhof Deutschlands. Das Museum gibt einen Überblick über die Entwicklung der Eisenbahn und ihre Bedeutung für den Vorharz. Die Eintrittskarte kommt stilecht aus einem alten Fahrkartendrucker. Zu einem historischen Bahnhof gehören natürlich auch eine alte Dampflok (52 360), Außenanlagen, eine Signalsammlung, ein Schienenbus, Güter-, Pack- und Personenwagen sowie andere historische Kostbarkeiten. Ein unvergeßliches Erlebnis ist es für jeden Eisenbahnfreund, wenn die Lok dampfend und zischend auf einem eigenen Gleisstück fährt.

Hildesheimer Dampfzug

Regelspur 1435 mm

**DBG Dampfzug-Betriebs-Gemeinschaft e. V.,
Postfach 100327, 31103 Hildesheim;
Chausseestraße 4a, 39279 Loburg, Tel. und Fax 03 92 45/20 42**

Betriebstage

Bitte die Termine erfragen.

Eisenbahnfeste

Am vorletzten So im Sept. wird in Duingen ein Bahnhofsfest gefeiert.

Fahrplan

Bitte die Termine für die Strecken Voldagsen – Duingen, Vorwohle – Emmerthal und für die Sonderfahrten erfragen.

Fahrpreise

Voldagsen – Duingen: Ef DM 9,–, Rf DM 16,–;
Vorwohle – Emmerthal: Ef DM 17,–, Rf DM 32,–;
Kinder 4 – 12 Jahre zahlen jeweils die Hälfte.
Fahrradtransport DM 2,–.

Triebfahrzeuge

Dampflok 24 083 (1'C h2, Schichau, 1938) und 89 7513 (preuß. T 3, C n2, Jung, 1911), verschiedene Dieselloks (1948–1972).

Anfahrt

Voldagsen: Mit der DB bis Voldagsen Bf.
Mit dem Auto auf der A 7, Ausfahrt Hildesheim.
Emmerthal: Mit der DB bis Emmerthal Bf.
Mit dem Auto auf der B 1 weiter bis Hameln, dann auf der B 83 nach Emmerthal.
P an den Bahnhöfen.

Tourist-Information

Fremdenverkehrsverband Weserbergland,
Falkestraße 2, 31785 Hameln,
Tel. 0 51 51/9 30 00.

Die DBG, 1977 in Hildesheim gegründet, hat ihren Vereinssitz nun im sächsisch-anhaltinischen Loburg. Sie unternimmt ihre Sonderfahrten mit dem bewirtschafteten Reichsbahnzug auf den Schienen der DB in Niedersachsen und im Bundesland Sachsen-Anhalt. Die beiden Stammstrecken werden weiterhin befahren. Es sind zum einen die landschaftlich schönen 16 km auf einer Privatanschlußbahn von Voldagsen über Lauenstein und Salzhemmendorf weiter nach Thüste und Duingen. Die andere Strecke führt von Vorwohle, 12 km Luftlinie südlich von Duingen, nach Emmerthal und zurück. Der „Historische Reichsbahnzug von 1928" wird gezogen von der Dampflok 24 083. Bei der Münchhausen-Stadt Bodenwerder überquert unser Zug die Oberweser. Bis nach Emmerthal, das wir nach insgesamt 33 km erreichen, folgen wir dem Fluß.

Der „Historische Reichsbahnzug von 1928", gezogen von einer Lok von 1938.

104 Almetalbahn Almstedt-Segeste

Regelspur 1435 mm

AHE Arbeitsgemeinschaft Historische Eisenbahn e.V., Schwarze Heide 44, 31199 Diekholzen, Tel. 0 51 21/26 13 88 oder 70 72 80

Betriebstage

Jeweils ein Wochenende im Mai, Aug. und Okt.

Eisenbahnfeste

An den Betriebstagen (Tag der offenen Tür) finden Veranstaltungen im Bf Almstedt-Segeste statt mit Führerstandsfahrten, Handhebeldraisinefahrten, Ausstellungen, Modelleisenbahnbetrieb.

Fahrplan

Während der Betriebstage findet den ganzen Tag über Fahrbetrieb statt.

Triebfahrzeuge

Dampflok 16 (preuß. T 3, C n2, Hanomag, 1901), Diesellok V 20 022 (Jung, 1920).

Anfahrt

Mit dem Auto auf der A 7, Ausfahrt Hildesheim, auf der Landstraße Richtung Alfeld über Diepholzen nach Almstedt-Segeste. P am Bf.

Tourist-Information

Verkehrsverein Hildesheim e.V., Am Ratsbauhof 1 c, 31134 Hildesheim, Tel. 0 51 21/17 98-0, Fax 0 51 21/17 98-88.

Wenige Kilometer südwestlich von Hildesheim liegt der Bf Almstedt-Segeste. Der Museumsbahnbetrieb veranstaltet an drei Wochenenden im Jahr den „Tag der offenen Tür". Neben zwei Dampfloks gehören zum Betrieb drei Dieselloks, acht Industrieloks sowie fünf Personenwagen aus den Jahren 1917, 1920, 1923, 1924 und 1928. Den ganzen Tag über kann das Publikum auf dem Führerstand der Lok mitfahren, möglich sind auch Fahrten mit einer Handhebeldraisine und einem Schienenfahrrad. Außerdem werden für den Eisenbahnfreund verschiedene Eisenbahnfahrzeuge, Modelleisenbahnen und interessante Fotosammlungen ausgestellt, darüber hinaus werden nette Eisenbahnartikel verkauft. Für Speis und Trank ist gesorgt. Die Almetalbahn verfügt über eine eigene Strecke, die rund 5 km lang ist.

Während der Betriebstage gibt es in einem umgebauten Personenwagen im Bf Kaffee und Kuchen, im Biergarten werden je nach Jahreszeit Bratwurst, Pizza oder Zwiebelkuchen angeboten.

Die T 3 im Bf Almstedt-Segeste.

Dampfeisenbahn Weserbergland

Regelspur 1435 mm

DEW Dampfeisenbahn Weserbergland e.V., Postfach 1211,
31704 Bad Eilsen, Tel. 05751/5213 (24 Std. Info-Telefon)

Betriebstage

Ostermontag, Himmelfahrt, Pfingstmontag sowie jeweils 2 Tage im Juni, Juli, Aug., Sept., Okt. und Dez. (Nikolausfahrten).

Triebfahrzeuge

Dampflok 52 8038 (1'E h2, Krenau, 1943, eine der Loks, die seit 1960 von der DR der DDR umgebaut wurden), 2 Dieselloks V 60 (C, Mitte der 50er Jahre), eine V 65.

Fahrplan

Bitte erfragen, voraussichtlich:
Rinteln-Nord ab 10.30, 14.30,
Stadthagen-West an 11.25, 15.25,
Steinhagen-West ab 11.45, 15.45,
Rinteln-Nord an 12.35, 16.35.

Anfahrt

Mit der DB bis Rinteln Hbf.
Mit dem Auto auf der A 2, Ausfahrt Bad Eilsen, auf der B 83 (Richtung Hameln) über Steinbergen nach Rinteln.
Mit der DB bis Stadthagen-West.
Mit dem Auto auf der B 65 bis Stadthagen, auf der Jahnstraße bis zur Bahnhofstraße.
P an den Bahnhöfen.

Fahrpreise

Rf DM 17,–, Kinder 4–12 Jahre DM 12,–.
Fahrradtransport ist kostenlos.

Tourist-Information

Klosterstraße 20, 31737 Rinteln,
Tel. 05751/403162, Fax 05751/403230.

Seit 1974 verkehren die historischen Züge des Vereins „Dampfeisenbahn Weserbergland e.V." auf einer der reizvollsten Eisenbahnstrecken Norddeutschlands. Dabei kommen Eisenbahnfahrzeuge aus den Jahren 1910–1960 zum Einsatz. In der Regel werden die Züge von der Dampflok 52 8038 gezogen.

Die Fahrt beginnt in Rinteln-Nord und fährt über Steinbergen, Bad Eilsen, Obernkirchen bis nach Stadthagen-West; die Strecke ist rund 20 km lang.

Im Bistro- (Eilzugwagen 45) und Vollspeisewagen 47 gibt es alkoholische und nichtalkoholische Getränke, Kaffee, Tee, Kakao, Kuchen, belegte Brote, heiße Würstchen und Süßigkeiten. Im Schürzensalonwagen 46 werden Faßbier, alkoholfreie Getränke, heiße Würstchen und Kuchen angeboten.

Die Dieselloks der Dampfeisenbahn Weserbergland.

106 Museumszug Osnabrück

Regelspur 1435 mm

ODF Osnabrücker Dampflokfreunde e.V.,
Am Friedhof 6, 49477 Ibbenbüren,
Tel. und Fax 0 54 51/1 31 62 sowie Tel. 05 41/1 20 88 08

Betriebstage

Jeden ersten So in den Monaten April – Sept. Genaue Termine bitte erfragen.

Eisenbahnfeste

Anfang Sept. findet das Osnabrücker Bergfest rund um den Zechenbahnhof Piesberg und das Museum für Industriekultur statt.

Fahrplan

Piesberg ab 10.05, stündlich bis 17.05 Uhr nach Eversburg und Osnabrück;
Osnabrück Hbf ab nach Eversburg und Piesberg 11.35, 13.35, 15.35, 17.35.
Genaue Termine bitte erfragen.

Triebfahrzeuge

Diesellok V 65 001 (MaK, 1956).

Fahrpreise

Piesberg – Eversburg Rf DM 2,–, Kinder DM 1,–,
Piesberg – Osnabrück Hbf Rf DM 6,–, Kinder DM 3,–.
Fahrradtransport ist kostenlos.

Anfahrt

Mit der DB bis Osnabrück Hbf; an den Betriebstagen fährt der historische Personenzug von dort zum Vereinsgelände Zechenbahnhof Piesberg. Mit dem Auto auf der A 1, Ausfahrt Wallenhorst, auf der B 68 Richtung Osnabrück-Zentrum, über Fürstenauer Weg und Süberweg ins Industriegebiet zum Vereinsgelände.

Tourist-Information

Verkehrsverein,
Krahnstraße 58, 49074 Osnabrück,
Tel. 05 41/3 23-2202, Fax 05 41/3 23-2709.

Der Zug vor Piesberg.

Nach elfjähriger Vereinstätigkeit haben die Osnabrücker Dampflokfreunde eine Vielzahl von Loks, Wagen und Waggons restauriert und funktionstüchtig instand gesetzt. Vorrangiges Ziel des Vereins war die Zusammenstellung eines historischen Personenzuges, gebildet aus Plattform-Personenwagen der 20er Jahre. Inzwischen können Eisenbahnfahrten in der einfachen 4. Klasse bis hin zur „luxuriösen" 2. Klasse unternommen werden. Heute befindet sich auch ein kompletter Güterzug der Margarinefabrik Homann/Dissen im Besitz des Vereins.
Die Dampflokfreunde, denen zu ihrem großen Glück noch eine historische Dampflok fehlt, fanden ihr Domizil inmitten der Industriekulturlandschaft Piesberg auf dem Gelände des alten Zechenbahnhofs, der bereits 1857 angelegt worden war. Gute Beziehungen pflegt der Verein mit dem benachbarten Museum Industriekultur Osnabrück. Reizvolle Eisenbahnfahrten führen vom Museum ins wenige Kilometer entfernte Piesberg.

Museumseisenbahn Bruchhausen-Vilsen

Regelspur 1435 mm und Schmalspur 1000 mm

DEV Deutscher Eisenbahn-Verein e.V., Postfach 1106,
27300 Bruchhausen-Vilsen, Tel. 0 42 52/93 00-0, Fax 0 42 52/93 00-12

Betriebstage

Regelspur Eystrup – Heiligenfelde: jeweils am 3. So in den Monaten Mai, Juni, Juli, Aug. und Sept.
Schmalspur Bruchhausen-Vilsen – Asendorf: 1. Mai – 4. Okt. jeden Sa, So und Feiertage, außerdem Ostersamstag und Ostersonntag, 1. Mai, Pfingstsonntag, Pfingstmontag, weitere Termine bitte erfragen.

Eisenbahnfeste

Ein Wochenende im Aug.: Tag des Eisenbahnfreundes; stündliche Abfahrten auf Schmalspur und Regelspur, mit Rahmenprogramm. Informationen zu den zahlreichen Sonderveranstaltungen gibt es gegen Einsendung eines Freiumschlags mit DM 2,20 Porto.

Fahrplan

Regelspur:
bitte erfragen.
Schmalspur (voraussichtlich):
Bruchhausen-Vilsen ab 10.10, 12.00, 14.00, 16.15 (Sonn- und Feiertage); 14.00, 16.15, 18.00 (Samstage);
Asendorf an 10.47, 12.26, 14.37, 16.46, 14.37, 16.46, 18.26;
Asendorf ab: 11.10, 12.35, 15.00, 17.00 (Sonn- und Feiertage), 15.00, 17.00, 19.00 (Samstage);
Bruchhausen-Vilsen an: 11.40, 13.01, 15.30, 17.30; 15.30, 17.30, 19.26.

Fahrpreise

Regelspur:
bitte erfragen.
Schmalspur:
Rf DM 12,–, Kinder 4 – 11 Jahre DM 6,–.
Fahrradtransport ist kostenlos.

Triebfahrzeuge

Regelspur:
Diesel-Triebwagen T 1 (1936).
Schmalspur:
Dampfloks „Hoya" (C n2t, Hanomag, 1899), „Franzburg" (B n2t, Vulcan, 1894), „Hermann" (C n2t, Hohenzollern, 1911), „Spreewald" (1'C n2t, Jung, 1917), „Plettenberg" (B h2t, Henschel, 1927), Dieselloks V 1 (Krupp 1941), V 3 (Deutz, 1954) und V 4 (Henschel, 1942), Triebwagen (Wismar, 1932; Dessau, 1939; Talbot, 1950).

Anfahrt

Mit der DB bis Syke oder Eystrup und mit dem Bus nach Bruchhausen-Vilsen. Mit dem Auto auf der A 27, Ausfahrt Verden, Landstraße bis Bruchhausen-Vilsen.
P am Bf.

Tourist-Information

Fremdenverkehrsamt,
Lange Straße 11, 27305 Bruchhausen-Vilsen,
Tel. 0 42 52/3 91-111, Fax 0 42 52/33 18.

Regelspur

Während der Saison finden einmal im Monat auf der Privatbahnstrecke Eystrup – Hoya – Bruchhausen-Vilsen – Heiligenfelde Zubringerfahrten mit historischen Triebwagen statt. Die Strecke ist 31 km lang, im Büfettwagen wird fürs leibliche Wohl der großen und kleinen Gäste gesorgt.

107

Schmalspur

Die reizvolle, 8 km lange Schmalspurstrecke von Bruchhausen-Vilsen nach Asendorf wird von der DEV seit 1966 betrieben, sie ist damit die älteste Museumseisenbahn Deutschlands. Neben den verschiedenen Triebwagen sind 31 Personen- und Packwagen sowie 30 Güterwagen und zahlreiche Dienstfahrzeuge vorhanden. Die meisten von ihnen findet man in der großen Ausstellungs- und Werkstatthalle in Bruchhausen-Vilsen, die anderen im Unterwegsbahnhof Heiligenberg.
Innerhalb des Bahnhofsgeländes Bruchhausen-Vilsen findet ein Dreischienenbetrieb statt, außerdem ist durch die Verwendung von Rollböcken und Rollwagen der Transport von Normalspurwagen auf Schmalspurgleisen möglich.
Die meisten der von Dampfloks gezogenen Museumszüge führen neben einem Büfettwagen auch einen Gepäckwagen für Fahrräder sowie einen mit Hubliften ausgestatteten Personenwagen für Rollstuhlfahrer mit.
Besonders beliebt sind die Sonderfahrten zu Ostern, zur Saisoneröffnung am 1. Mai sowie der Spargel-Express, der erweiterte Pfingstfahrplan, der Country & Oldie-Train, der Schlemmer-Express, der Kartoffel-Express, der Neptunexpress und natürlich die Nikolausfahrten im Dezember.

Zwei von den Dampfloks „Spreewald" und „Plettenberg" gezogene Museumszüge begegnen sich im Kreuzungsbahnhof Heiligenberg.

Verdener Eisenbahn

Regelspur 1435 mm

VEF Verdener-Eisenbahn-Freunde e.V.,
Postfach 1408, 27264 Verden, Tel. 04239/1227

Betriebstage	Triebfahrzeuge
1. Mai, Himmelfahrt, Pfingsten, jeweils 1 Tag im Juni, Juli, Sept. und Dez. (Nikolausfahrt), 2 Tage im Aug.	Diesellok „Magdeburger" V 22 (Lokomotivbau Karl Marx, 1975) sowie 4 weitere Dieselloks aus den Jahren 1935–1975.
Fahrplan	**Anfahrt**
Verden ab 11.00, 14.30, 17.20, Stemmen an 11.40, 15.10, 18.00; Stemmen ab 10.00, 13.10, 16.25, Verden an 10.40, 13.50, 17.05.	Mit der DB bis Verden. Mit dem Auto auf der A 27, Ausfahrt Verden. P am Bf.
Fahrpreise	**Tourist-Information**
Ef DM 7,–, Rf DM 10,–, Kinder bis 14 Jahre zahlen die Hälfte.	Ostertorstraße 7 a, 27283 Verden, Tel. 04231/12317, Fax 04231/12345.

Der Verein wurde 1986 gegründet und verfügt über eine Reihe von Dieseltriebwagen, einen Beiwagen der Firma Wismar aus dem Jahr 1938, zwei Beiwagen von der Firma LHW von 1940, einen Packwagen sowie eine Handhebel-Draisine.
Die Fahrt führt stellenweise an der malerischen Aller entlang und hält an den Stationen Eitze, Luttum, Hohenaverbergen, Armsen, Neddenaverbergen und Stemmen. Die Strecke ist knapp 12 km lang. Radfahrer finden in dieser Region ein besonderes Radelparadies vor.

Der „Magdeburger" am Regenrückhaltebecken in Eitze.

109

Hasetal-Express

Regelspur 1435 mm

EHH Eisenbahnfreunde Hasetal e.V.,
Kettelerstraße 12, 49740 Haselünne,
Tel. 0 59 61/5 09 32, Fax 0 59 61/9 20 78 (Zweckverband)

Betriebstage

1. Mai, Himmelfahrt, Pfingstsonntag, jeweils 3 Tage im Juni, Juli, Sept. und Okt., 2 Tage im Aug.

Triebfahrzeuge

Dampflok „Niedersachsen"(C n2t, Henschel, 1922), Triebwagen VT 789 (1961).

Fahrplan

Meppen ab 10.20, 17.10,
Haselünne an 10.50, 17.45;
Haselünne ab 11.00,
Quakenbrück an 13.20;
Quakenbrück ab 13.30,
Meppen an 16.55,
Haselünne ab 9.30,
Meppen an 10.00.

Anfahrt

Mit der DB bis Meppen Hbf.
Mit dem Auto auf der A 31, Ausfahrt Meppen, Richtung Hbf. P am Bf.

Fahrpreise

Ef Meppen – Quakenbrück DM 17,50, Rf DM 35,–, Kinder zahlen die Hälfte. Fahrradtransport DM 2,–.

Tourist-Information

Zweckverband Erholungsland Hasetal, Postfach 19, 49624, Löningen, Tel. 0 54 32/9 20 77, Fax 9 20 78; Fremdenverkehrsamt, Krummer Dreh 18–19, 49740 Haselünne, Tel. 0 59 61/8 31, Fax 0 59 61/73 53.

Die „Eisenbahnfreunde Hasetal" gibt es seit 1988. Der Museumszug des Vereins besteht aus fünf Personenwagen aus den Jahren 1901–1930, einem Salonwagen, einem Packwagen von 1924, zwei Güterwagen von 1911 und natürlich der Dampflok „Niedersachsen", die als Werklok Typ „Bismarck" 1922 bei Henschel in Kassel das Licht der Welt erblickte.

Die Lok „Niedersachsen" vor dem Lokschuppen in Haselünne.

In den alten Wagen darf der Gast in der 2. oder 3. Klasse Platz nehmen. In einem umgebauten Salon werden sämtliche Spezialitäten des kornreichen Emslandes – nicht nur das Haselünner Wasser – angeboten. Bollerwagen, Kinderwagen, Boote und natürlich auch Fahrräder werden im Zug mitbefördert.

Der „Hasetal-Express" wird auf der Strecke Meppen – Haselünner Eisenbahn eingesetzt. Hier fuhr 1894 zum ersten Mal ein Zug von Meppen nach Haselünne. Unsere historische Fahrt führt von Meppen über Haselünne, Herzlake, Löningen, Essen (Oldenburg) nach Quakenbrück und ist rund 57 km lang.

Küstenbahn Ostfriesland

Regelspur 1435 mm

MKO Museumseisenbahn „Küstenbahn Ostfriesland" e.V.,
Norddeicher Straße 82 a, 26506 Norden,
Tel. 0 49 31/16 90 30, Fax 0 49 31/16 90 65

Betriebstage

Ostersonntag, 1. Mai, Himmelfahrt, Pfingsten, von Juni bis Mitte Okt. jeweils So. Nkolausfahrten im Dez. Genaue Betriebstage bitte erfragen.

Eisenbahnfeste

Sonderöffnungen mit Rahmenprogramm (So im Mai), Deutscher Museumstag und Tag der offenen Tür.

Fahrplan

Norden ab 10.00, 12.00, 14.00, 16.00, Dornum an 10.40, 12.40, 14.40, 16.40; Dornum ab 11.00, 13.00, 15.00, 17.00, Norden an 11.45, 13.45, 15.45, 17.45.

Fahrpreise

Ef DM 6,50, Kinder 4–12 Jahre Ef DM 3,50, Rf 10,50/6,–. Fahrradtransport DM 3,–.

Triebfahrzeuge

Diesellok 1 „Helga" (Köf 6152, Gmeinder, 1953), 2 „Dornum" (Typ KS 230 B, Deutz, 1954, vom Royal Corps of Transportion) und 3 „Norden" (Typ KS 200, B, Deutz, 1959, von der Bundeswehr).

Anfahrt

Mit der DB bis Norden Bf. Mit dem Auto auf der B 72 nach Norden Bf oder von dort auf der Landstraße über Hage und Westerholt nach Dornum Bf. P an den Bahnhöfen.

Tourist-Information

Verkehrsbüro Norden, Am Markt, 26506 Norden, Tel. 0 49 31/9 86-201; Kurverwaltung Norden-Norddeich, Postfach 11 65, 26501 Norden-Nordteich, Tel. 0 49 31/9 86-02, Fax 0 49 31/9 86-290.

Nachdem die Bundesbahn die Strecke Norden – Hage – Dornum – Esens für den Personenverkehr stillgelegt hatte, kam es 1987 zur Gründung des Museumseisenbahnvereins, der die Küstenbahn Ostfriesland betreibt.

Im Bummeltempo geht die Fahrt 16 km durch Ostfriesland von Norden über den historischen Marktflecken Hage durch den Berumer Forst hinaus in die weite Marschenlandschaft, vorbei am ehemaligen Haltepunkt Westerende bis zur alten „Herrlichkeit" Dornum. Wer mag, steigt unterwegs aus, bestaunt die Landschaft und die Sehenswürdigkeiten und radelt vielleicht auf dem Fahrrad zurück. Oder man bleibt einfach auf seinem Platz sitzen und fährt mit dem historischen Zug zurück zum Ausgangspunkt. Die Regelzüge führen einen Büfettwagen mit sich, in dem es Erfrischungsgetränke, Knabbereien und Souvenirs gibt.

Neben den Nikolausfahrten im November/Dezember erfreuen sich die Sonderfahrten „Jazz auf der Schiene" und „Ostfriesische Gaumenfreunden mit dem rollenden Büfett" großen Zuspruchs. Beliebt sind auch die Abendfahrten nach Dornum zum Grillen, die Ostereiersuchfahrt am Ostermontag oder die winterlichen Fahrten mit anschließendem Grünkohl- oder Snirtjebra-Essen. (Auskünfte über die Sonderveranstaltungen gibt Heyo Bogena, Rosenstraße 24, 26529 Marienhafe, Tel. 04934/1440.) Das geplante Eisenbahnmuseum im Norder Lokschuppen ist von Ende Juni bis Ende August am Samstag zwischen 15.00 und 17.00 Uhr geöffnet (Eintritt: Erwachsene DM 2,–, Kinder DM 1,–).

Die Küstenbahn Ostfriesland.

Museumspferdebahn auf Spiekeroog

Schmalspur 1000 mm

Nordseebad Spiekeroog GmbH,
Noorderpad 25, 26474 Spiekeroog, Tel. 0 49 76/91 93 22

Betriebstage

Nachmittags ab 15. Juni bis etwa Ende Sept., außer So. Ab Windstärke 7 kein Betrieb.

Fahrplan

Die genauen Abfahrtszeiten sind bitte zu erfragen.

Fahrpreise

Ef DM 3,–, Rf DM 5,–, Kinderermäßigung.

Triebfahrzeuge

1 Pferdebahnwagen von 1887 aus einem Stuttgarter Museum.

Anfahrt

Mit der DB bis Esens, mit dem Bus bis Neuharlingersiel. Mit dem Auto auf der B 461 nach Neuharlingersiel, dann mit dem Schiff auf die Insel Spiekeroog.

Tourist-Information

Nordseebad Spiekeroog GmbH, Noorderpad 25, 26474 Spiekeroog, Tel. 0 49 76/91 93 22.

Das Pferdebahnzeitalter hatte auf der Nordseeinsel Spiekeroog am 9. Juli 1885 mit einer 1,7 km langen Schienenverbindung zwischen der Dorfmitte und dem ehemaligen Herrenbadestrand begonnen. Da zwischen Herren- und Damenstrand eine 1,5 km breite Pufferzone vorgeschrieben war, mußten die badelustigen Damen schon früher aussteigen. Erst während der Rückfahrt traf man sich wieder und ging ins Restaurant „Givdbude“, das längst vom Meer geholt wurde. Erst 1912 errichtete man einen Familienbadestrand. Bis 1945 besaß Spiekeroog den einzigen Flughafen der Welt, dessen Passagiere mit einer Pferdbahn abgeholt wurden. 1980 wurde der Bahnbetrieb auf der Insel eingestellt. Hans Roll, ein Eisenbahnfreund aus Pforzheim, besorgte in Stuttgart einen offenen Sommerpferdewagen und eröffnete im Mai 1981 die historische Fahrt zum Westend.

Heute verkehrt die Pferdebahn in dem Sommermonaten. Betriebsführer Hans Roll, Fahrer Reentje Lottmann und Pferd „Valentino“ halten die Eisenbahntradition auf der Insel aufrecht. Die historische Pferdebahn startet vom alten Inselbahnhof und zuckelt durch den Nationalpark Niedersächsisches Wattenmeer zur Westküste.

Die Museumspferdebahn auf Spiekeroog.

112 Museumseisenbahn Ammerland-Saterland

Regelspur 1435 mm

MAS Museumseisenbahn Ammerland-Saterland e.V.,
Burnhörn 31, 26655 Westerstede-Ocholt, Tel. 0 44 09/2 11

Betriebstage

Ab Mai jeden 1. und 3. Sa, im Jan., Febr. und März jeweils an einem Sa Kohlfahrten, im Mai Rhododendronfahrten. Genaue Termine bitte erfragen.

Triebfahrzeuge

Schienenbus VT 798 (Bo, einer der Triebwagen, die in den Jahren 1955–1962 in Dienst gestellt wurden).

Fahrplan

Ocholt ab 13.00, Westerstede an 13.20; Westerstede ab 13.30, Ocholt an 13.50; Ocholt ab 14.15, Sedelsberg an 15.30. Genaue Termine bitte erfragen.

Anfahrt

Mit dem Auto auf der A 28, Ausfahrt Westerstede. P am Bf.

Fahrpreise

Ocholt – Westerstede: Ef DM DM 4,–, Rf DM 7,–; Ocholt – Sedelsberg Ef DM 10,–, Rf DM 16,–.

Tourist-Information

Verkehrsverein Westerstede e.V., Am Markt 2, 26655 Westerstede, Tel. 0 44 88/85 90 41.

Wer mit dem himbeerroten Museumszug durch die Landschaft „saust“, darf sich an dem regelmäßigen Pfeifen nicht stören: Der Zug muß sich vor jedem Übergang „anmelden“, außerdem hält er an jeder „Milchkanne“, wie der Volksmund sagt, wenn ein Zug alle paar Meter hält, um Fahrgäste ein- und aussteigen zu lassen.
Die Fahrt geht entweder von Westerstede nach Ocholt, das sind knapp 7 km, oder von Ocholt über Godensholt, Carolinenhof, Barßel (von hier bietet sich eine Schiffstour mit der MS „Spitzhörn“ an), Elisabethenfehn (hier lohnt der Besuch des Moor- und Fehnmuseums Ramsloh: mit Loren geht's ab ins Moor zu einer interessanten Moorführung) und Scharrel (Mühlenbesichtigung) nach Sedelsberg. Diese Strecke ist 28 km lang.

Im Bahnhof Westerstede-Ocholt.

Historische Kleinbahn „Jan Harpstedt", Delmenhorst

113

Regelspur 1435 mm

DHEF Delmenhorst-Harpstedter Eisenbahnfreunde e.V., Postfach 12 36, 27732 Delmenhorst, Tel. 05 51/9 00 00-13, Fax 05 51/9 00 00-18

Betriebstage

1. Mai, Himmelfahrt, Pfingstsonntag, 1. und 3. So im Juni, 2. und 4. So im Juli, 1., 3. und 5. So im Aug., 3. So im Sept., 1. So im Okt.

Triebfahrzeuge

Dampflok 1 (C nt, Krupp, 1951), Diesellok 6 (V 273, Cdh, Henschel, 1956), Triebwagen 6 (T 121, Bo, Wumag, 1940).

Fahrplan

Harpstedt ab 9.00, 10.15, 13.00, 17.30, Delmenhorst-Süd an 9.52, 11.11, 13.57, 18.27; Delmenhorst-Süd ab 10.10, 11.25, 14.25, 18.45, Harpstedt an 11.26, 12.20, 15.35, 19.45.

Anfahrt

Mit der DB bis Delmenhorst Bf, von dort zum Bf Delmenhorst-Süd (etwa 900 m). Mit dem Auto auf der A 1, Ausfahrt Delmenhorst-Süd oder Delmenhorst-Ost. P am Hasporter Damm.

Fahrpreise

Ef DM 10,–, Kinder 4 – 16 Jahre DM 5,–, Rf DM 15,–, Kinder die Hälfte. Fahrradtransport DM 2,–.

Tourist-Information

Verkehrsverein Delmenhorst e.V., Delmegarten 5, 27749 Delmenhorst, Tel. 0 42 21/12 04 79, Fax 0 42 21/15 03 12.

Der DHEF wurde 1976 gegründet und betreibt seit 1978 die Historische Kleinbahn „Jan Harpstedt". Seit 1992 findet auf der Strecke zwischen Harpstedt und Delmenhorst wieder der Dampfbetrieb statt. Zur Zeit besteht die Sammlung aus 29 Lokomotiven, Wagen und Nebenfahrzeugen. Um das Konzept einer typischen norddeutschen Kleinbahn im ländlichen Raum Ende der 50er und 60er Jahre umsetzen zu können, wird künftig der Erhalt der Gebäude und Anlagen in die Arbeit des Vereins miteinbezogen.

Die Museumseisenbahn entführt ihre Gäste mit der Dampf- oder einer Diesellok und den historischen Personenwagen zurück in die Jahre des „Wirtschaftswunders". Hierbei können die Fahrgäste in originalgetreu erhaltenen Wagen der 50er Jahre auch auf Holzbänken Platz nehmen. Gemächlich gleitet die Landschaft bei einer Höchstgeschwindigkeit von 30 km/h vorbei. Blumen pflücken während der Fahrt ist allerdings verboten. Vorbei geht's an der Steller Heide und teilweise durch die Wildeshauser Geest. Es ist geplant, die Strecke um 14 km zu verlängern. Die Wagen sind bewirtschaftet.

Der Museumszug in Heiligenrode.

114 Kleinbahn Leeste

Regelspur 1435 mm

Kleinbahn Leeste e.V.,
Freudenbergstraße 13, 28213 Bremen, Tel. und Fax 04 21/21 41 21

Betriebstage

1. Mai, Himmelfahrt, Pfingstsonntag, jeweils 1. So im Juli, Aug. und 1 Wochenende im Sept. (Thänhuser Markt), Kohl- und Pinkelfahrten im Winter, genaue Termine bitte erfragen.

Fahrplan

Leeste ab 9.15, Bremen-Kirchhuchting an 9.45; Bremen-Kirchhuchting ab 10.00, 13.00, 17.15, Thedinghausen an 11.15, 14.15; Leeste an 17.45; Thedinghausen ab 11.30, 16.00, Bremen-Kirchhuchting an 12.24, 17.10. Sept.-Samstag: Bremen-Kirchhuchting ab 14.00, Sept.-Sonntag: Bremen-Kirchhuchting ab 9.30, 14.00, Thedinghausen ab 10.50 (bis Leeste), 12.50, 15.30, 18.00.

Fahrpreise

Rf DM 15,–, Kinder 4–15 Jahre DM 7,–. Fahrradtransport ist kostenlos.

Triebfahrzeuge

Diesellok 2 KBL (V 10 B, Lokomotivbau Karl Marx, 1969), V 105 B-Th (V 100.4, Hennigsdorf, 1982).

Anfahrt

Mit der DB bis Bremen Hbf, mit der Tram 1 oder 8 bis Huchting, von dort 8 Minuten zum Bf Bremen-Kirchhuchting (Obervielander Straße). Mit dem Auto auf der B6/75, Ausfahrt Kirchhuchting. P am Bf.

Tourist-Information

Touristik-Zentrale GmbH, Findorffstraße 105, 28215 Bremen, Tel. 04 51/3 08 00-0, Fax 04 51/3 08 00-30.

Die Museumslok 2 im Bf von Leeste.

Die Fahrt der Kleinbahn, die bewirtschaftet ist, beginnt im Bf Bremen-Kirchhuchting. Vorbei an dichter Wohnbebauung erreicht der Museumszug Moordeich, unmittelbar hinter der Landesgrenze gelegen. Es folgt die Station Alt-Stuhr. Hier steht noch ein altes Empfangsgebäude, wie es früher auch in Kirchhuchting und Moordeich zu finden war.

Weiter geht die Fahrt nach Brinkum, Erichshof und Leeste. In dem großen Bahnhofsgebäude ist die Eisenbahnverwaltung untergebracht, während gegenüber, im Lokschuppen, die Museumseisenbahn beheimatet ist. Ab hier wird es ländlich. Der Zug erklimmt die Brücke über der Hauptstrecke Bremen – Osnabrück. Links ist Bremen zu erkennen, rechts erstrecken sich die Lokschuppen der einstigen „Dampfhochburg" Kirchweyhe.

Nach kurzem Stopp geht's durch den Rieder Bruch. Die Fahrt führt nun kurvenreich durch eine heute selten gewordene Heckenlandschaft. Laut pfeifend werden die letzten Bahnübergänge passiert, bis nach rund 26 km der Zug im Bf Thedinghausen hält.

Museumseisenbahn Wilstedt – Heeslingen, Zeven – Tostedt

Regelspur 1435 mm

Eisenbahnfreunde der WZTE e.V.,
Gaußweg 7, 27404 Zeven, Telefon 0 42 81/45 91

Betriebstage

Ostersonntag, 3. Okt., 5. und 6. Dez., 2. Sa im Dez.

Fahrplan

Zeven-Süd ab 9.00, 13.00, 15.30, 15.40, Tostedt-West an 9.56, 13.56, 16.26, 16.36; Tostedt-West ab 14.00, 14.10, 14.30, 16.45, Zeven-Süd an 14.52, 15.14, 15.22, 17.48. Wilstedt ab 14.15, 16.45, Heeslingen an 15.20, 17.50, Heeslingen ab 10.15, 14.15; Zeven-Nord ab 13.00, 15.30.

Fahrpreise

Zeven – Tostedt Rf DM 16,–, Kinder DM 8,–; Zeven – Wilstedt Rf DM 12,–, Kinder DM 6,–.

Triebfahrzeuge

T 170 (VT 137, Linke-Hoffmann-Busch, 1935).

Anfahrt

Mit dem Auto auf der A 1, Ausfahrt Sittensen, von dort auf der Bundesstraße nach Zeven. P am Bf.

Tourist-Information

Verkehrsverein, 27404 Zeven, Tel. 0 42 81/71 60.

Die Eisenbahnfreunde von Zeven haben in Ostereistedt verschiedene Anlagen gepachtet, auf denen in Kürze eine Museumsfahrkartenausgabe mit alten, noch mechanischen Stellwerkseinrichtungen entsteht. Außerdem sollen Formsignale aufgestellt werden.

Der Verein verfügt neben dem Triebwagen und dem Beiwagen VB 406 (1932) über weitere Fahrzeuge. Der vierachsige Triebwagen kann mit einer interessanten Einsatzgeschichte aufwarten: 1935 in Breslau gebaut, erhielt er bei der DR die Betriebsnummer VT 137 und wurde in Allenstein eingesetzt. In den Wirren des Krieges verschlug es ihn nach Westen, um nach dem Krieg für die Amerikaner Dienst zu tun. Von 1948 bis 1954 war er bei der DB und landete 1956 ohne Motor bei der Bremervörde-Osterholz-Eisenbahn. Er erhielt zwei neue Dieselmotoren und wurde bis 1978 im Personenzugdienst eingesetzt.

Der Wagen erhielt seine ursprünglich rot-beige Farbgebung wieder und wurde nach einer gründlichen Aufarbeitung 1989 auf den WZTE-Strecken von Wilstedt über Zeven nach Heeslingen bzw. von Zeven-Süd nach Tostedt-West eingesetzt. Die gesamte Fahrtstrecke beträgt über 60 km.

Für Kinder gibt es besondere Veranstaltungen, wie die Fahrt zum Ostereiersuchen nach Ostereistedt und Nikolausfahrten nach Tostedt und Wilstedt.

Der Triebwagen im Bf Zeven-Nord.

Kleinbahn Deinste

Schmalspur 600 mm

DFKM Deutsches Feld- und Kleinbahnmuseum e.V., Postfach 2 17 15, 21715 Deinste, Tel. 0 40/7 90 88 58, 04 71/5 88 49 und 0 41 41/8 79 21

Betriebstage

Jeden 1. So im Juni, Sept. und Okt., Nikolausfahrten Sa und So nach dem 6. Dez.

Triebfahrzeuge

Dampflok 7 (B n2t, Schwarzkopff, 1936), mehrere Dieselloks (Deutz, Gmeinder, Jung, Ruhrtaler, Strüver, 1935–1959).

Fahrplan

Deinste Kleinbahnhof ab
11.15, 13.10, 14.20, 15.15, 16.16,
Lütjenkamp (Museum) an
11.22, 13.17, 14.27, 15.22, 16.17;
Lütjenkamp (Museum) ab
11.45, 13.40, 14.50, 15.45, 16.40,
Deinste Kleinbahnhof an
11.52, 13.47, 14.57, 15.52, 16.47.

Anfahrt

Mit dem Auto auf der Deutschen Fachwerkstraße von Stade oder Buxtehude nach Deinste, vor der Bahnschranke nach rechts in die Bahnhofstraße. P am Bf.

Fahrpreise

Erwachsene Rf mit Eintritt fürs Museum DM 4,–, Kinder DM 2,50.
Fahrradtransport ist kostenlos.

Tourist-Information

STADE Tourismus-GmbH, Stadt-Info, Pferdemarkt 11 (Zeughauspassage), 21682 Stade, Tel. 0 41 41/40 91 70-74, Fax 0 41 41/40 91 10.

Bereits seit dem Jahr 1967 sammeln die Mitglieder des DFKM Fahrzeuge der Feldbahnspur. Zur Zeit umfaßt die Sammlung eine Dampflok, 14 Dieselloks, zwei Elektroloks, drei Heeresfeldbahn-Personenwagen, zwei Fakultativwagen der Mecklenburg-Pommerschen Schmalspurbahnen, Feldbahngüterwagen unterschiedlichster Bauart sowie drei Draisinen.

Um dem Publikum diese Fahrzeuge vorzuführen, wurde eigens eine 1 km lange Strecke gebaut. Die Museumsanlage ist in zwei Bereiche gegliedert: Auf der Vorführstrecke zeigt der Verein mit historischen Fahrzeugen den Fahrbetrieb einer Kleinbahn um das Jahr 1930. Die kurze Fahrt geht von Deinste Kleinbahnhof über Hagel nach Lütjenkamp (Museum) und zurück. In der kleinen Ausstellung am Streckenendpunkt Lütjenkamp dokumentiert der Verein Feldbahnfahrzeuge, wie sie in der Landwirtschaft und in den Fabriken zum Materialtransport verwendet wurden.

Die Feldbahn-Dampflok Nr. 7 im Bf Hagel.

WUMAG Buxtehude – Harsefeld

Regelspur 1435 mm

BHEF Buxtehude-Harsefelder-Eisenbahnfreunde e.V.
Am Bundesbahnhof 2, 21698 Harsefeld, Tel. 0 41 64/7 42 81

Betriebstage

Jeder 2. So von Mai bis Sept.

Triebfahrzeuge

Triebwagen T 175 (WUMAG, 1926).

Fahrplan

Buxtehude ab 10.40, 13.30, 14.30, 16.30,
Harsefeld an 11.03, 13.53, 14.53, 16.53;
Harsefeld ab 10.08, 12.58, 13.58, 15.58,
Buxtehude an 10.31, 13.21, 14.21, 16.21.

Anfahrt

Mit der DB bis Hamburg Hbf,
von dort mit dem Zug nach Buxtehude Bf.
Mit dem Auto auf der B 73 nach Buxtehude.
P am Bf.

Fahrpreise

Erwachsene Rf DM 8,–,
Kinder bis 11 Jahre DM 4,–.
Fahrradtransport ist möglich.

Tourist-Information

Stavenort 2, 21614 Buxtehude,
Tel. 0 41 61/50 12 97.

Der WUMAG-Triebwagen T 175 mit einem Talbot-Beiwagen.

Der 1979 gegründete Verein erhält historisch wertvolle Eisenbahnfahrzeuge als technische Kulturdenkmale betriebsfähig und macht die Vereinsmitglieder und die Öffentlichkeit mit der heimischen Eisenbahngeschichte vertraut. Der Verein unterhält den historischen Triebwagen WUMAG „Nürnberg 761“, einen Beiwagen sowie einige andere interessante Sammlungsstücke. Die Fahrt mit dem Museumszug führt von Buxtehude über Apensen und Ruschwedel nach Harsefeld und zurück. Die Strecke ist knapp 15 km lang. In Harsefeld besteht die Möglichkeit, mit Hand- und Motordraisinen zu fahren. In den Zügen befindet sich eine Bar mit Getränken und verschiedenen Eisenbahnartikeln für die Fans.
Der Verein konnte die alte Fahrzeughalle in Harsefeld restaurieren, so daß mit der Kleinbahn-Werkstatt, einer Drehbank, einer Bohr- und Schleifmaschine sowie Schmiedewerkzeug mit Amboß ein wichtiges Denkmal der Harsefelder Gewerbegeschichte museal genutzt werden kann.

118

Geesthachter Eisenbahn

Regelspur 1435 mm

GE Arbeitsgemeinschaft Geesthachter Eisenbahn e.V.,
Postfach 13 41 (Lokschuppen: Dünenstraße 2),
21495 Geesthacht, Tel. 0 41 52/7 78 99

Der Bf Bergedorf-Süd in Hamburg ist der Ausgangspunkt der Fahrt entlang der Oberelbe nach Geesthacht und Krümmel. Der Bf befindet sich in unmittelbarer Nähe des noch erhaltenen Kassenhäuschens aus dem Jahr 1842. Bis zum nächsten Haltepunkt Holtenklinke begleiten auf der linken Seite städtische Wohnblocks die Strecke, auf der rechten Seiten entstanden in den vergangenen Jahren schmucke Einfamilienhäuser. Zwischen Gleis und Straße fließt die Brookwetterung, in der sich unser Zug spiegelt. Oberhalb von Holtenklinke auf dem Gojenberg grüßt die Hamburger Sternwarte.

Weiter rollt der Zug durch eine Wiesenlandschaft nach Börnsen. In dem gut erhaltenen Bahnhofsgebäude befindet sich heute eine Gastwirtschaft. Es folgt die Station Escheburg. In den viereckigen Teichen auf den Wiesen entlang unserer Fahrtstrecke

Betriebstage

Ende April, Anfang Mai, Juni, Sept., Okt., letztes Wochenende vor Weihnachten. Genaue Termine bitte erfragen.

Fahrplan

Bergedorf-Süd ab 11.20, 14.20, 16.20, 18.40, Geesthacht an 11.55, 14.55, 16.55, 19.10; Geesthacht ab 10.30, 13.30, 15.30, 17.50, Bergedorf-Süd an 11.05, 14.05, 16.05, 18.25.

Fahrpreise

Ef Bergedorf-Süd – Geesthacht DM 5,–, Kinder DM 2,50. Geesthacht – Krümmel Ef DM 3,–. Fahrradtransport DM 1,–.

Triebfahrzeuge

Dampfloks 1 (C n2t, Henschel, 1918, vom Eschweiler Bergwerk-Verein) und 350 (D n2t, Maschinenfabrik Frichs, Aarhus, 1930, von den DSB, Dänischen Staatsbahnen), Diesellok V 1 (Deutz, 1951, von der Deutschen Bundespost), Schienenbus VT 3 (Esslingen, 1951).

Anfahrt

Mit der S-Bahn von Hamburg bis Bergedorf-Süd oder mit dem Schnellbus 31 nach Geesthacht. Mit dem Auto auf der A 25, Ausfahrt Bergedorf. Oder mit dem Auto auf der A 25 bis Ende (Geesthacht). P am Bf.

Tourist-Information

Bergedorfer Straße 28, 21502 Geesthacht, Tel. 0 41 52/83 62 58, Fax 0 41 52/7 89 67.

wurde früher Torf gestochen und per Bahn abgefahren. Unser Zug passiert den Bahnhof Düneberg, der zu Spitzenzeiten ein gewaltiges Verkehrsaufkommen aufwies: Hier hielten einst die Arbeiterzüge, die die Beschäftigten der Pulverfabrik beförderten. Das riesige Gelände liegt heute zum Teil brach.

Nach knapp 14 km haben wir Geesthacht erreicht. Der alte Wasserturm am Bahnhof erinnert noch an Dampflokzeiten. Der stattliche Bf Geesthacht dient heute nicht den Fahrgästen, sondern als Jugendzentrum. Vom Bahnsteig zugänglich ist der Fahrkartenschalter des Vereins.

Vom Bf Geesthacht führen zwei Anschlußgleise weg: Das Hafengleis geht zum Elbhafen, das andere führt nach Krümmel, rund 3 km von Geesthacht entfernt. Der Zug hält inzwischen auch an dem neu errichten Bahnsteig Geesthacht-Freibad.

Während der Fahrten werden im historischen Zug Erfrischungsgetränke angeboten, und an Betriebstagen sind im Lokschuppen Kaffee, Kuchen und heiße Würstchen zu bekommen.

Dampflok 350 im Bf Geesthacht.

119 Vorwerker Kleinbahn, Lübeck

Schmalspur 600 mm

Vorwerker Heime, Diakonische Einrichtungen e.V.,
Postfach 32 32, 23581 Lübeck, Tel. 04 51/40 02 01, Fax 04 51/4 02 56

Betriebstage

Im Sommer Sa sowie am Martinsmarkt im Nov.

Eisenbahnfeste

Sommerfest am 2. Juni-Sonntag, 30minütige Abfahrten zwischen 11.00 und 18.00 Uhr.

Fahrplan

16.00 und 16.30 Uhr, am Martinsmarkt Freitag nachmittag, Sa und So ab 11.00 Uhr bis zum Einbruch der Dunkelheit.

Fahrpreise

Erwachsene DM 4,–, Kinder DM 1,50. Rollstuhltransport ist möglich.

Triebfahrzeuge

Diesellok „Igel" (O & K, 1956), „Hase" (DIEMA, 1992).

Anfahrt

Mit der DB bis Lübeck Hbf, weiter mit dem Bus 3 oder 10 nach Bad Schwartau, Vorwerker Straße. Mit dem Auto auf der A 1, Ausfahrt Bad Schwartau, Vorwerker Straße. P am Bf.

Tourist-Information

Amt für Lübeck-Werbung und Tourismus, Beckergrube 95, Tel. 04 51/1 22 81 09.

Die Vorwerker Kleinbahn ist eine Einrichtung der Vorwerker Heime, Diakonische Einrichtungen e.V. Sie wurde 1992 zusammen mit dem „Bürgerpark" in Betrieb genommen und den Vorwerker Heimen geschenkt. Die Kleinbahn hat folgende Aufgaben: Fahrten für Heimbewohner sowie vor allem für gebuchte Gruppen.
Je nach Wunsch werden während der Fahrt Kaffee und Kuchen serviert; es gibt verschiedene Erfrischungsgetränke, und für besondere Kinderfahrten werden im Speisewagen neben Kuchen auch Kinderriegel, Hanseaten und Smarties gereicht. Nach vorheriger Bestellung gibt es auch belegte Brötchen mit Käse, Schinken und Lachs.
Die Vorwerker Kleinbahn ist die einzige auf Feldbahngleisen mit öffentlichem Personenbetrieb in Schleswig-Holstein. Die Personenwagen heißen „Max", „Moritz" und „Lastesel". Es gibt ferner einen Speisewagen in original Mitropafarben mit Mitropabeschriftung – wahrscheinlich handelt es sich um den einzigen Speisewagen auf Feldbahngleisen. Ebenso sind ein Kioskwagen in Mitropafarben vorhanden, ein Werkstattwagen und verschiedene Loren. Die Strecke ist rund 2 km lang.

Die Vorwerker Kleinbahn.

Museumseisenbahn Schönberger Strand

Regelspur 1435 mm, Schmalspur 600 mm

VVM Verein Verkehrsamateure und Museumseisenbahn e.V.,
Dimpfelweg 10, 20537 Hamburg,
Tel. 0 40/21 43 06, 45 74 07, Fax 0 40/44 53 86;
Museumsbahn: Bahnhof Schönberger Strand,
Am Schierbek 1, 24217 Schönberg (Holstein), Tel. 0 43 44/23 23;
Bahnmuseum: Lokschuppen Aumühle, Am Geleise, 21521 Aumühle

Betriebstage

Pfingstsamstag und Pfingstsonntag bis Mitte Sept.; Ostersonntag und 6. Dez. (Nikolaus) verkehren Züge von und nach Kiel. Aktionstage im und am Lokschuppen in Aumühle; Besichtigungsmöglichkeiten an jedem Wochenende.

Eisenbahnfeste

Termine sind bitte zu erfragen.

Fahrplan

Termine sind bitte zu erfragen.

Fahrpreise

Rf Schönberg – Schönberger Strand, 3. Klasse DM 6,40, 2. Klasse DM 1,–, 1. Klasse DM 2,– Zuschlag, Straßenbahnrundfahrt DM 2,–, Kinder und einfache Fahrten kosten die Hälfte. Fahrradtransport ist möglich.

Triebfahrzeuge

Dampflok 2 (B n2t, Hanomag, 1929) und 3 (C n2t, Henschel, 1920), Diesellok V 11 (DWK, 1935), V 40 (MaK, 1959), V 85 (MaK, 1959, von der Kieler Hafenbahn), V 20 039 (KHD, 1941), Triebwagen VT 24 (1925) und VT 509 (Wismarer Schienenbus, 1936).

Anfahrt

Mit der Bahn ab Kiel, nur wenn Nostalgiezüge verkehren; mit dem Bus 200 ab Kiel Hbf zum Bf Schönberger Strand.
Mit dem Auto ab Kiel auf der B 522 bis Schönberg, dem Hinweisschild „Museumseisenbahn“ nach Schönberger Strand folgen.
Zum Museum nach Aumühle mit der S-Bahn 21 von Hamburg nach Reinbek, von dort mit der Regionalbahn nach Aumühle/Büchen.
Mit dem Auto von Hamburg auf der B 5/B 207 nach Aumühle. P an den Bahnhöfen.

Tourist-Information

Gemeindeverwaltung Schönberg, Rathaus, Knüll 4, 24217 Schönberg, Tel. 0 43 44/30 60.

Der Bahnhof Schönberger Strand vermittelt auch heute noch das typische Bild der Endstation einer Kleinbahn. Beginnen wir die Fahrt von Schönberger Strand, geht es weiter über den Ort Schönberg in Holstein nach Probsteierhagen, Schönkirchen, Oppendorf bis nach Kiel Hbf. Insgesamt legt die Museumsbahn knapp 26 km zurück. Auf der umgekehrten Fahrt von Kiel zum Schönberger Strand (Motto: „Mit der Museumseisenbahn 'Hein Schönberg' direkt an den Ostseestrand!“) erwartet den Eisenbahnfreund etwas ganz Besonderes: Hier hat er direkten Anschluß an die historische Straßenbahn-Ringlinie. Daß es diese schöne Verbindung heute noch gibt, verdanken wir dem Verein, der schon längere Zeit nach einer geeigneten Strecke für

seinen Eisenbahnbetrieb gesucht hatte. 1975 fuhr der letzte planmäßige Zug von Kiel zum Schönberger Strand, und schon ein Jahr später konnten die Eisenbahnfreunde die Anlagen zwischen Schönberg und Schönberger Strand in Betrieb nehmen. Zum Museumsbahnhof Schönberger Strand gehört auch die historische Straßenbahnanlage, auf deren Dreischienengleis (Spurweite 1453 und 1100 mm) verschiedene historische Straßenbahnen verkehren.
Im Lokschuppen Aumühle, vor den Toren Hamburgs, stellt der VVM die Dampflok 14 (1'C1' h2t, Henschel, 1928), ein S-Bahn-Wechselstrom-Triebzug ET 99 1624 a/b (WUMAG, 1927) und verschiedene Dieselloks aus; außerdem gibt es eine große Feldbahnsammlung mit Bahnbetrieb auf der 600-mm-Spur. In und um den Lokschuppen finden verschiedene Veranstaltungen statt unter dem Motto: „Hamburg, wie hast du dich verändert“ oder „Das war die Linie 2 – vor 20 Jahren fuhr Hamburgs letzte Straßenbahn“.

Die Dampflok Nr. 3 und die 50 3644.

Angelner Dampfeisenbahn

Regelspur 1435 mm

AD Angelner Dampfeisenbahn, Freunde des Schienenverkehrs Flensburg e.V., Postfach 16 17, 24906 Flensburg, Tel. und Fax 04 61/1 31 12

Betriebstage

Ostersonntag, Himmelfahrt, Pfingstsonntag, letzter So im Juni, 2. und 3 So im Juli, 1., 2. und 4. So im Aug., 1. und 3. So im Sept., 1. So im Okt., Nikolausfahrt am 6. Dez.

Eisenbahnfeste

Fest zum 20jährigen Streckenjubiläum im Mai 1999; Flensburger Dampfrundum im Juli.

Fahrplan

Kappeln ab 11.00, 14.00, 16.30,
Süderbrarup an 11.40, 14.40, 17.10;
Süderbrarup ab 12.00, 15.00,
Kappeln an 12.40, 15.40.

Fahrpreise

Ef DM 10,–, Kinder 4–12 Jahre DM 5,–,
Rf DM 15,–/DM 7,–.

Triebfahrzeuge

Dampflok F 654 „Julchen" (C n2t, Frichs, Aarhus, 1949, von den DSB, Dänischen Staatsbahnen), S 1 Nr. 1916 (1'C 2ht, NOHAB, 1952, von den SJ Statens Järnvägar, den Schwedischen Staatsbahnen), B 1266 „Schöne Schwedin" (2'C h2, Motala, Schweden, 1915, von der SJ, zur Zeit abgestellt), Triebwagen MO 1835 (Frichs, 1953, von der DSB), Diesel-Rangierlok ZAK 1 „Zuckersusi" (B, Henschel, 1959), Diesel-Güterzuglok BR V 200 „Taigatrommel" (Co'Co', Voroschilovgrad, 1967).

Anfahrt

Mit der DB bis Süderbrarup.
Mit dem Auto auf der B 199 (Nordstraße) nach Kappeln oder auf der A 7, Ausfahrt Schleswig-Schuby, auf der B 201 nach Kappeln.
P am Bf.

Tourist-Information

Informationsbüro für Touristik,
Mühle, 24376 Kappeln,
Tel. 0 46 42/40 27, Fax 0 46 42/54 41.

Die Geschichte der Angelner Dampfeisenbahn begann 1977 mit dem Erwerb der Dampflok F 654 von den Dänischen Staatsbahnen. 1979 fand die AD in Kappeln, wo ein Lokschuppen angemietet wurde, ein richtiges Zuhause. Die von Kappeln über Scheggerott nach Süderbrarup führende Strecke ist knapp 15 km lang und wird seit 1980 regelmäßig von der Museumseisenbahn genutzt.

Die Dampflok 654 „Julchen".

Diese Museumseisenbahn wird fast ausschließlich mit Fahrzeugen aus Skandinavien betrieben. 1982 erwarb die AD die „Schöne Schwedin", eine Schleppertenderlok B 1266 von den Schwedischen Staatsbahnen. Insgesamt umfaßt der Wagenpark neben den Triebfahrzeugen vier Personenwagen, zwei Personenwagen mit Packabteil, zwei Reisezugwagen, einen Reisezugwagen mit Küche und Speiseraum, einen Reisezug mit Kiosk u.a.
Im Sommer werden auch Museumsfahrten von Kappeln nach Wyk auf Föhr durchgeführt. Bei allen Fahrten sind kleine Imbisse und Getränke an Bord.

DB Nostalgiefahrten

Das Programm der DB, mit historischen Zügen Fahrten zu unternehmen, füllte einmal einen ganzen Katalog. Heute sind viele Fahrten dem Rotstift zum Opfer gefallen. Welche Züge zu welchen Terminen noch fahren, sollten Sie daher bitte direkt unter den folgenden Telefonnummern erfragen.

Dampf-Hotline, Saisonfahrten/Tagesausflüge:
Tel. 01 80/5 21 34 34 (8.00 – 20.00 Uhr)
Dampf-Hotline, Themen-/Tagesfahrten:
Tel. 09 11/2 19 23 53 (Band)
Rheingold-Hotline:
Tel. 02 21/1 41 16 70 (9.00 – 18.00 Uhr)

Register der Museumseisenbahnen

Ortsregister

Nicht aufgenommen sind die Zwischenstationen der Strecken.

Bildnachweis

Die vollständigen Namen und Adressen der Institutionen finden sich bei den Beschreibungen der Museumseisenbahnen.

Einbandvorderseite: Josef Högemann/Eisenbahn-Tradition Greven; Einbandrückseite u. S. 1: DME Darmstadt; S. 2/3: DGEG, Eisenbahnmuseum Neustadt; S. 9: Markus Schmid/MEG Wachtl e.V.; S. 10: Otto Morneburg/BLV; S. 11: Berger/Chiemseebahn; S. 12: Alexander Bauer/WiR; S. 13: St. Schmied/BLV; S. 14/15: Volker Jacobi/BEM; S. 16: FME; S. 18: Tourismuszentrale/DFS; S. 20: DDM; S. 21: Direktion der König-Ludwig-Dampfbahn Gesellschaft; S. 22: Fränkisches Freilandmuseum Fladungen; S. 24: Klaus Kröger/Dampfbahnfreunde; S. 26: Stadt Blumberg; S. 28: Madeleine Sieber/KTB; S. 29: Kurverwaltung Triberg; S. 30/31: EFB; S. 32: Harald Brendler/EFZ; S. 34/35: GES; S. 36/37: R. Fischer/UEF; S. 38: Jürgen Ranger/HMB; S. 40: DBK; S. 42: SHB; S. 43: Stefan Motz/UEF; S. 44: D. Holzmann/Bildstelle der Stadt Karlsruhe; S. 45: Willi Richert/AEV; S. 46/47: Eisenbahnmuseum Neustadt; S. 48: Karsten Remien/SWB; S. 50: Georg Dollwet/MECL; S. 51: Markus Ziehe/HWB; S. 52: Frank Becher/EFB; S. 54: Ortwin Wildemann/IBS; S. 55: Eifelbahn; S. 56: Vennbahn; S. 58: Wilfried Harder/REX; S. 59: Heinz Hebel/EAK Jülich; S. 61: Klaus Prömper/IHS; S. 62: Mathias Lauter/FWM; S. 63: Jörg Seidel; S. 64: Rainer Bohnet/RSE; S. 65: EFO; S. 66: Martin Schiffmann; S. 68: Norbert Kirsch/HSW; S. 70: Heribert Lülf/EEA; S. 72: Josef Högemann/Eisenbahn-Tradition; S. 73: Hammer Eisenbahnfreunde; S. 74/75: Eisenbahn-Museum Bochum-Dahlhausen; S. 76: Roland Kirchhoff/VEH; S. 77: Axel Ladleif/BMB; S. 78: Uwe Cieslak/BME; S. 79: Wolf Dietrich Groote/M.M.E.; S. 80: Jochen Wiegelmann/DKBM; S. 82: MEM; S. 83: Manfred Schmidt/LEL; S. 84: Helga Schulte/Hessencourier; S. 85: EfW; S. 86: Manfred Schreiner/EFB; S. 87: Eisenbahnmuseum; S. 88: Förderverein; S. 89: Stefan John/EFW; S. 90: Hans Klatt/DBC-T; S. 92: Volker Schard/NTB; S. 93: P. Federmann/HE; S. 95: Wolfgang Röder/FFM; S. 97: D. Kempf/DME; S. 98: Reichenbach/Thüringerwaldbahn und Straßenbahn Gotha; S. 99: Volker Jacobi/Geraer Wald-Eisenbahn-Verein; S. 100: Christian Wodzinski/Parkeisenbahn; S. 101: Niels Kunick/Förderverein; S. 102: MBS; S. 103: BVO; S. 104/105: IGPB; S. 106: FWB; S. 108: G. Löwe/DPE; S. 109: Marian Sommer/HFBD; S. 110: MBCD; S. 111: Kay-Torsten Zimmermann/Traditionsbahn; S. 112: M. Krolop/Verein; S. 113: LG; S. 114: Thomas Biallas/NFN; S. 115: PPE; S. 116: MBWB; S. 117: HSB; S. 118/Karte: Steiger Verlag; S. 119: HSF; S. 120: Traditionsbahn Staßfurt; S. 121: PEK; S. 122: Hobby-Foto Jacobi, Römersgrün/WEM; S. 123: CMT; S. 124: Nobert Daberkow/BEF; S. 125: FEZ; S. 126: Historische S-Bahn; S. 128: D. Radke/MBB; S. 129: Lothar Kasper/Touristik-Eisenbahn Lüneburger Heide; S. 130: Reise- und Verkehrsbüro; S. 132: Michael Höfer-von Seelen/VBV; S. 133: H.-J. Hotz/Dampflok-Gemeinschaft; S. 134: VEV; S. 135: DBG; S. 136: O. Lampe/AHE; S. 137: DEW; S. 138: Friedhelm Ernst/ODF; S. 140: Overdick/DEV; S. 141: Ralf Brandt/VEF; S. 142: EHH; S. 144: Korinnas Fotostudio/KMO; S. 145: Arno Bokeloh/Pferdebahn; S. 146: MAS; S. 147: Rolf Engelhardt/DHEF; S. 148: Gordon Doyen/Kleinbahn; S. 149: WZTE; S. 150: Karl Sola/DFKM; S. 151: Dieter-Th. Bohlmann/BHEF; S. 152/153: Brämert/GE; S. 154: Vorwerker Heime; S. 156: VVM; S. 157: AD.